U0007967

13 MOON ALMANAC

Year of the White Overtone Wizard

13 月亮曆法實踐書
Kin174 超頻白巫師年

年度訊息指引 & 流日調頻手帳

2023 / 07 / 26 － 2024 / 07 / 25

NS 1.36

銀河七方
祈禱文

來自東方，光之宮，
願智慧曙光在我們裡面，
所以我們可以清晰的看到一切。

來自北方，夜之宮，
願智慧果實在我們裡面，
所以我們可以從內在了悟一切。

來自西方，蛻變之宮，
願智慧蛻變為正確的行動，
所以我們可以完成必需完成的。

來自南方，永恆的太陽之宮，
願正確的行動得以結果，
所以我們享受行星存在的果實。

來自上方，天堂之宮，
此時此刻，
願星際的同胞與先民與我們同在，
並將幸福流向我們。

來自下方，地球之宮，
願她的水晶體核心的心跳，
能賜福於我們，
使我們和諧，
使我們得以終止所有戰爭。

來自中心，銀河的源頭，
當下所在之處，
願一切事物皆以至愛之光為名。

Ah Yum, Hunab Ku,
Evam Maya E Ma Ho!

Ah Yum, Hunab Ku,
Evam Maya E Ma Ho!

Ah Yum, Hunab Ku,
Evam Maya E Ma Ho!

目錄 Contant

個人
星際護照

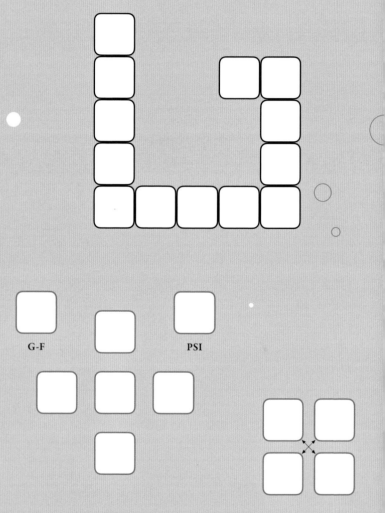

G-F

PSI

流年
星際護照

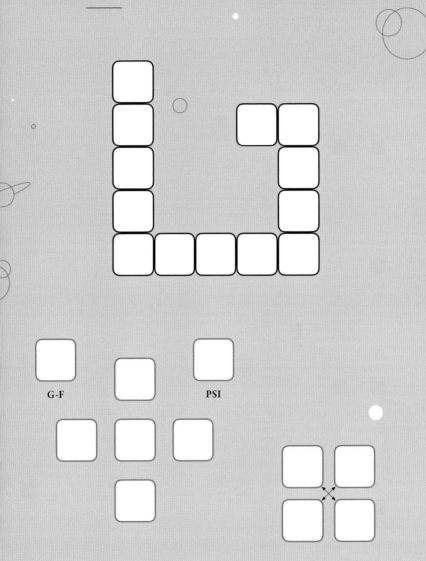

G-F

PSI

1月

- ## 磁性蝙蝠之月
  ### Magnetic Bat Moon of Purpose

		週三	週四	週五
		⊕ Dali 頂輪·目標	● Seli 海底輪·流動	◗ Gamma 眉心輪
啓動之週 B01 Being Evolves Sex	知識啓動我們的觀點與視野	7/26 **1** KIN 174 PSI	7/27 **2** KIN 175 PSI	7/28 **3** KIN 176 PSI
淨化之週 B02 Being Evolves Death	謙遜提昇我們靜心的品質	8/2 **8** KIN 181 PSI	8/3 **9** KIN 182 PSI	8/4 **10** KIN 183 PSI
蛻變之週 B03 Being Evolves Knowledge	耐心轉化蛻變了我們的行動	8/9 **15** KIN 188 PSI	8/10 **16** KIN 189 PSI	8/11 **17** KIN 190 PSI
成熟之週 B04 Sex Awakens Knowledge	力量促使果實成熟與收成	8/16 **22** KIN 195 PSI	8/17 **23** KIN 196 PSI	8/18 **24** KIN 197 PSI

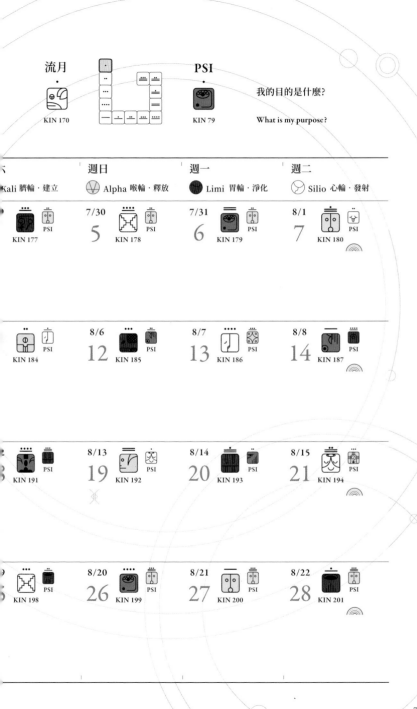

流月
KIN 170

PSI
KIN 79

我的目的是什麼？

What is my purpose?

	週日	週一	週二
Kali 臍輪·建立	Alpha 喉輪·釋放	Limi 胃輪·淨化	Silio 心輪·發射
KIN 177	7/30 5 KIN 178 PSI	7/31 6 KIN 179 PSI	8/1 7 KIN 180 PSI
KIN 184 PSI	8/6 12 KIN 185 PSI	8/7 13 KIN 186 PSI	8/8 14 KIN 187 PSI
KIN 191 PSI	8/13 19 KIN 192 PSI	8/14 20 KIN 193 PSI	8/15 21 KIN 194 PSI
KIN 198 PSI	8/20 26 KIN 199 PSI	8/21 27 KIN 200 PSI	8/22 28 KIN 201 PSI

2月

.. 月亮蠍子之月

Lunar Scorpion Moon of Challenge

	週三	週四	週五
	⊕ Dali 頂輪・目標	◉ Seli 海底輪・流動	◖ Gamma 眉心
啓動之週 B05 Death Transmits Knowledge	8/23 **1** KIN 202 PSI	8/24 **2** KIN 203 PSI	8/25 **3** KIN 204 PSI
淨化之週 B06 Dreaming Evolves Art	8/30 **8** KIN 209 PSI	8/31 **9** KIN 210 PSI	9/1 **10** KIN 211 PSI
蛻變之週 B07 Dreaming Evolves Purification	9/6 **15** KIN 216 PSI	9/7 **16** KIN 217 PSI	9/8 **17** KIN 218 PSI
成熟之週 B08 Dreaming Evolves Love	9/13 **22** KIN 223 PSI	9/14 **23** KIN 224 PSI	9/15 **24** KIN 225 PSI

啓動之週 — 知識啓動我們的觀點與視野

淨化之週 — 謙遜提昇我們靜心的品質

蛻變之週 — 耐心轉化蛻變了我們的行動

成熟之週 — 力量促使果實成熟與收成

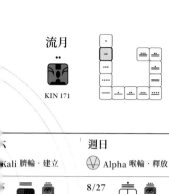

流月

KIN 171

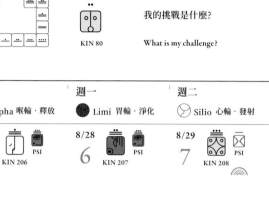

PSI

KIN 80

我的挑戰是什麼?

What is my challenge?

Kali 臍輪·建立	週日 Ⓥ Alpha 喉輪·釋放	週一 ● Limi 胃輪·淨化	週二 ◇ Silio 心輪·發射
KIN 205 PSI	8/27 5 KIN 206 PSI	8/28 6 KIN 207 PSI	8/29 7 KIN 208 PSI
KIN 212 PSI	9/3 12 KIN 213 PSI	9/4 13 KIN 214 PSI	9/5 14 KIN 215 PSI
KIN 219 PSI	9/10 19 KIN 220 PSI	9/11 20 KIN 221 PSI	9/12 21 KIN 222 PSI
KIN 226 PSI	9/17 26 KIN 227 PSI	9/18 27 KIN 228 PSI	9/19 28 KIN 229 PSI

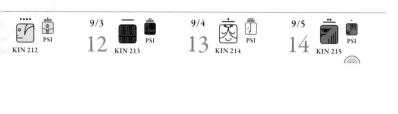

3月

	週三 ⊕ Dali 頂輪・目標	週四 ● Seli 海底輪・流動	週五 ◐ Gamma 眉心
啓動 **之週** / 知識啓動我們的 觀點與視野 ─B09─ Art Awakens Love	9/20 1 KIN 230　PSI	9/21 2 KIN 231　PSI	9/22 3 KIN 232　PSI
淨化 **之週** / 謙遜提昇我們的 靜心的品質 ─B10─ Purification Transmits Love	9/27 8 KIN 237　PSI	9/28 9 KIN 238　PSI	9/29 10 KIN 239　PSI
蛻變 **之週** / 耐心轉化蛻變了 我們的行動 ─B11─ Spirit Evolves Magic	10/4 15 KIN 244　PSI	10/5 16 KIN 245　PSI	10/6 17 KIN 246　PSI
成熟 **之週** / 力量促使果實 成熟與收成 ─B12─ Spirit Evolves Wisdom	10/11 22 KIN 251　PSI	10/12 23 KIN 252　PSI	10/13 24 KIN 253　PSI

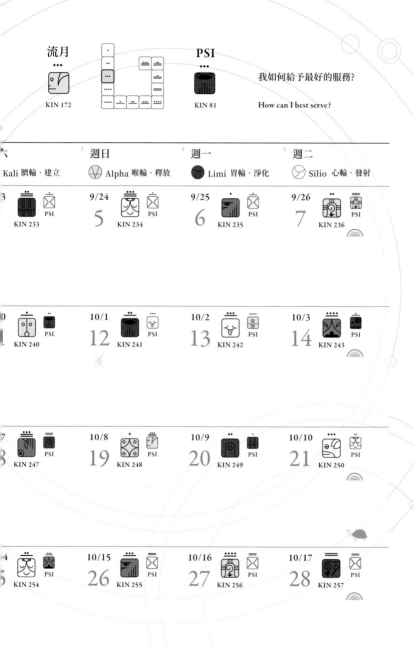

流月
•••
KIN 172

PSI
•••
KIN 81

我如何給予最好的服務?

How can I best serve?

Kali 臍輪・建立	Alpha 喉輪・釋放	Limi 胃輪・淨化	Silio 心輪・發射
3 KIN 233 PSI	9/24 5 KIN 234 PSI	9/25 6 KIN 235 PSI	9/26 7 KIN 236 PSI
0 KIN 240 PSI	10/1 12 KIN 241 PSI	10/2 13 KIN 242 PSI	10/3 14 KIN 243 PSI
7 KIN 247 PSI	10/8 19 KIN 248 PSI	10/9 20 KIN 249 PSI	10/10 21 KIN 250 PSI
KIN 254 PSI	10/15 26 KIN 255 PSI	10/16 27 KIN 256 PSI	10/17 28 KIN 257 PSI

4月

···· 自我存在貓頭鷹之月
Self-existing Owl Moon of Form

		週三	週四	週五
		⊕ Dali 頂輪·目標	⊛ Seli 海底輪·流動	◗ Gamma 眉心輪
啓動 之週 B13 Spirit Evolves Prophecy	知識啓動我們的 觀點與視野	10/18 **1** KIN 258 PSI	10/19 **2** KIN 259 PSI	10/20 **3** KIN 260 PSI
淨化 之週 B14 Magic Awakens Prophecy	謙遜提昇我們的 靜心的品質	10/25 **8** KIN 5 PSI	10/26 **9** KIN 6 PSI	10/27 **10** KIN 7 PSI
蛻變 之週 B15 Wisdom Transmits Prophecy	耐心轉化蛻變了 我們的行動	11/1 **15** KIN 12 PSI	11/2 **16** KIN 13 PSI	11/3 **17** KIN 14 PSI
成熟 之週 B16 Awareness Evolves Timelessness	力量促使果實 成熟與收成	11/8 **22** KIN 19 PSI	11/9 **23** KIN 20 PSI	11/10 **24** KIN 21 PSI

PSI

KIN 82

我採取什麼形式服務?

What is the form my service will take?

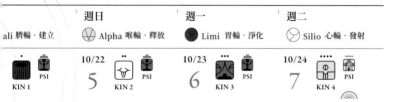

ali 臍輪 · 建立	週日 Alpha 喉輪 · 釋放	週一 Limi 胃輪 · 淨化	週二 Silio 心輪 · 發射

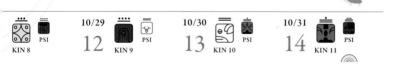

KIN 1 PSI	10/22 5 KIN 2 PSI	10/23 6 KIN 3 PSI	10/24 7 KIN 4 PSI

KIN 8 PSI	10/29 12 KIN 9 PSI	10/30 13 KIN 10 PSI	10/31 14 KIN 11 PSI

KIN 15 PSI	11/5 19 KIN 16 PSI	11/6 20 KIN 17 PSI	11/7 21 KIN 18 PSI

KIN 22 PSI	11/12 26 KIN 23 PSI	11/13 27 KIN 24 PSI	11/14 28 KIN 25 PSI

5月

— 超頻孔雀之月
Overtone Peacock Moon of Radiance

		週三	週四	週五
		Dali 頂輪·目標	Seli 海底輪·流動	Gamma 眉心
啓動 **之週** B17	知識啓動我們的 觀點與視野 Awareness Evolves Vision	11/15 **1** KIN 26 PSI	11/16 **2** KIN 27 PSI	11/17 **3** KIN 28 PSI
淨化 **之週** B18	謙遜提昇我們 靜心的品質 Awareness Evolves Intelligence	11/22 **8** KIN 33 PSI	11/23 **9** KIN 34 PSI	11/24 **10** KIN 35 PSI
蛻變 **之週** B19	耐心轉化蛻變了 我們的行動 Timelessness Awakens Intelligence	11/29 **15** KIN 40 PSI	11/30 **16** KIN 41 PSI	12/1 **17** KIN 42 PSI
成熟 **之週** B20	力量促使果實 成熟與收成 Vision Transmits Intelligence	12/6 **22** KIN 47 PSI	12/7 **23** KIN 48 PSI	12/8 **24** KIN 49 PSI

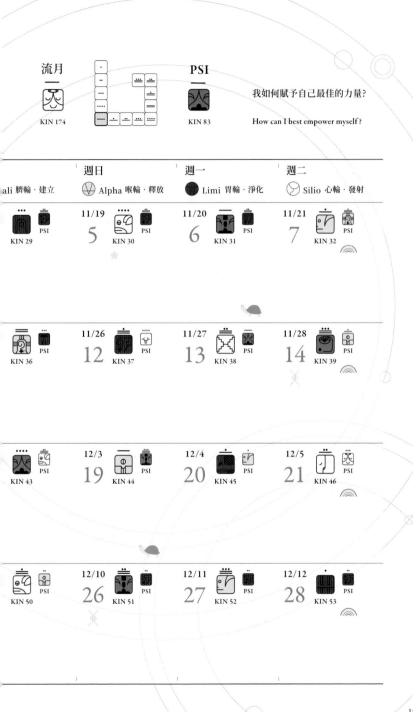

流月

KIN 174

PSI

KIN 83

我如何賦予自己最佳的力量?

How can I best empower myself?

ali 臍輪・建立	週日 Alpha 喉輪・釋放	週一 Limi 胃輪・淨化	週二 Silio 心輪・發射
KIN 29 · PSI	11/19 5 KIN 30 · PSI	11/20 6 KIN 31 · PSI	11/21 7 KIN 32 · PSI
KIN 36 · PSI	11/26 12 KIN 37 · PSI	11/27 13 KIN 38 · PSI	11/28 14 KIN 39 · PSI
KIN 43 · PSI	12/3 19 KIN 44 · PSI	12/4 20 KIN 45 · PSI	12/5 21 KIN 46 · PSI
KIN 50 · PSI	12/10 26 KIN 51 · PSI	12/11 27 KIN 52 · PSI	12/12 28 KIN 53 · PSI

15

6月

韻律蜥蜴之月
Rhythmic Lizard Moon of Equality

	週三 ⊕ Dali 頂輪・目標	週四 ● Seli 海底輪・流動	週五 ◗ Gamma 眉心
啓動之週 知識啓動我們的觀點與視野 B21 Meditation Evolves Knowledge	12/13 **1** KIN 54 〔PSI〕	12/14 **2** KIN 55 〔PSI〕	12/15 **3** KIN 56 〔PS〕
淨化之週 謙遜提昇我們靜心的品質 B22 Self-Generation Evolves Love	12/20 **8** KIN 61 〔PSI〕	12/21 **9** KIN 62 〔PSI〕	12/22 **10** KIN 63 〔PS〕
蛻變之週 耐心轉化蛻變了我們的行動 B23 Enlightenment Evolves Prophecy	12/27 **15** KIN 68 〔PSI〕	12/28 **16** KIN 69 〔PSI〕	12/29 **17** KIN 70 〔PS〕
成熟之週 力量促使果實成熟和收成 B24 Navigation Evolves Intelligence	1/3 **22** KIN 75 〔PSI〕	1/4 **23** KIN 76 〔PSI〕	1/5 **24** KIN 77 〔PS〕

流月
KIN 175

PSI
KIN 84

我如何擴展對他人的平等？

How can I extend my equality to others?

Kali 臍輪 · 建立	Alpha 喉輪 · 釋放	Limi 胃輪 · 淨化	Silio 心輪 · 發射
KIN 57	12/17 5 KIN 58 PSI	12/18 6 KIN 59 PSI	12/19 7 KIN 60 PSI
KIN 64	12/24 12 KIN 65 PSI	12/25 13 KIN 66 PSI	12/26 14 KIN 67 PSI
KIN 71	12/31 19 KIN 72 PSI	1/1 20 KIN 73 PSI	1/2 21 KIN 74 PSI
KIN 78	1/7 26 KIN 79 PSI	1/8 27 KIN 80 PSI	1/9 28 KIN 81 PSI

7月

∵ 共振猴子之月

Resonant Monkey Moon of Attunement

		週三	週四	週五
		⊕ Dali 頂輪·目標	⬤ Seli 海底輪·流動	◗ Gamma 眉心
啓動 之週 ▨—B25—▨ Navigation Synchronizes Meditation	知識啓動我們的 觀點與視野	1/10 **1** KIN 82 PSI	1/11 **2** KIN 83 PSI	1/12 **3** KIN 84 PS
淨化 之週 ▨—B26—▨ Meditation Reflects Self-Generation	謙遜提昇我們的 靜心的品質	1/17 **8** KIN 89 PSI	1/18 **9** KIN 90 PSI	1/19 **10** KIN 91 PS
蛻變 之週 ▨—B27—▨ Self-Generation Catalyzes Enlightenment	耐心轉化蛻變了 我們的行動	1/24 **15** KIN 96 PSI	1/25 **16** KIN 97 PSI	1/26 **17** KIN 98 PS
成熟 之週 ▨—B28—▨ Enlightenment Illumines Navigation	力量促使果實 成熟與收成	1/31 **22** KIN 103 PSI	2/1 **23** KIN 104 PSI	2/2 **24** KIN 105 PS

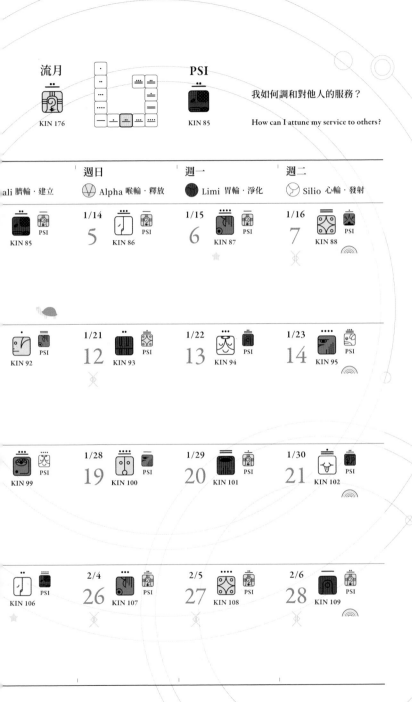

流月

KIN 176

PSI

KIN 85

我如何調和對他人的服務？

How can I attune my service to others?

ali 臍輪·建立	週日 Alpha 喉輪·釋放	週一 Limi 胃輪·淨化	週二 Silio 心輪·發射
KIN 85 · PSI	1/14 5 KIN 86 · PSI	1/15 6 KIN 87 · PSI	1/16 7 KIN 88 · PSI
KIN 92 · PSI	1/21 12 KIN 93 · PSI	1/22 13 KIN 94 · PSI	1/23 14 KIN 95 · PSI
KIN 99 · PSI	1/28 19 KIN 100 · PSI	1/29 20 KIN 101 · PSI	1/30 21 KIN 102 · PSI
KIN 106 · PSI	2/4 26 KIN 107 · PSI	2/5 27 KIN 108 · PSI	2/6 28 KIN 109 · PSI

8月

⋯ 銀河星系鷹之月
Galactic Hawk Moon of Integrity

	週三	週四	週五
	⊕ Dali 頂輪・目標	⬤ Seli 海底輪・流動	◗ Gamma 眉心
啟動之週 B29	2/7 **1** KIN 110 PSI	2/8 **2** KIN 111 PSI	2/9 **3** KIN 112 P
知識啟動我們的觀點與視野 Hunab Ku Transmits Navigatiion			
淨化之週 B30	2/14 **8** KIN 117 PSI	2/15 **9** KIN 118 PSI	2/16 **10** KIN 119 P
謙遜提昇我們靜心的品質 Hunab Ku Transmits Meditation			
蛻變之週 B31	2/21 **15** KIN 124 PSI	2/22 **16** KIN 125 PSI	2/23 **17** KIN 126 P
耐心轉化蛻變了我們的行動 Hunab Ku Transmits Self-Generation			
成熟之週 B32	2/28 **22** KIN 131 PSI	2/29 (四) 3/1 (五) **23** KIN 132 PSI	3/2 (六) **24** KIN 133 P
力量促使果實成熟與收成 Hunab Ku Transmits Enlightenment			

流月

KIN 177

PSI

KIN 86

我是否活出自己的信念？

Do I live what I believe?

li 臍輪・建立	週日 Alpha 喉輪・釋放	週一 Limi 胃輪・淨化	週二 Silio 心輪・發射

KIN 113

2/11
5
  PSI
KIN 114

2/12
6
  PSI
KIN 115

2/13
7
    PSI
KIN 116

KIN 120

2/18
12
  PSI
KIN 121

2/19
13
 PSI
KIN 122

2/20
14
   PSI
KIN 123

KIN 127

2/25
19
 PSI
KIN 128

2/26
20
PSI
KIN 129

2/27
21
PSI
KIN 130

KIN 134

3/4 (一)
26
  PSI
KIN 135

3/5 (二)
27
 PSI
KIN 136

3/6 (三)
28
  PSI
KIN 137

9月

···· 太陽豹之月

Solar Jaguar Moon of Intention

	週四	週五	週六
	⊕ Dali 頂輪・目標	● Seli 海底輪・流動	◐ Gamma 眉
啓動之週 / 知識啓動我們的觀點與視野 ■-B33-■ Sex Electrifies Navigation	3/7 **1** KIN 138 · PSI	3/8 **2** KIN 139 · PSI	3/9 **3** KIN 140
淨化之週 / 謙遜提昇我們靜心的品質 ■-B34-■ Navigation Electrifies Wisdom	3/14 **8** KIN 145 · PSI	3/15 **9** KIN 146 · PSI	3/16 **10** KIN 147
蛻變之週 / 耐心轉化蛻變了我們的行動 ■-B35-■ Death Electrifies Self-Generation	3/21 **15** KIN 152 · PSI	3/22 **16** KIN 153 · PSI	3/23 **17** KIN 154
成熟之週 / 力量促使果實成熟與收成 ■-B36-■ Self-Generation Electrifies Magic	3/28 **22** KIN 159 · PSI	3/29 **23** KIN 160 · PSI	3/30 **24** KIN 161

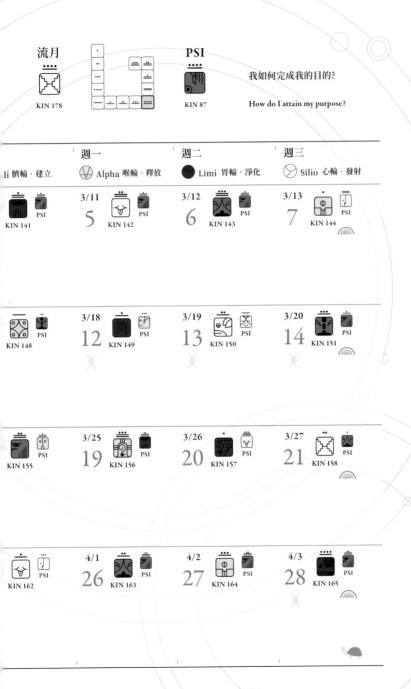

流月
KIN 178

PSI
KIN 87

我如何完成我的目的?

How do I attain my purpose?

li 臍輪・建立	週一 Alpha 喉輪・釋放	週二 Limi 胃輪・淨化	週三 Silio 心輪・發射
KIN 141 PSI	3/11 5 KIN 142 PSI	3/12 6 KIN 143 PSI	3/13 7 KIN 144 PSI
KIN 148 PSI	3/18 12 KIN 149 PSI	3/19 13 KIN 150 PSI	3/20 14 KIN 151 PSI
KIN 155 PSI	3/25 19 KIN 156 PSI	3/26 20 KIN 157 PSI	3/27 21 KIN 158 PSI
KIN 162 PSI	4/1 26 KIN 163 PSI	4/2 27 KIN 164 PSI	4/3 28 KIN 165 PSI

10月

━━ 行星狗之月
Planetary Dog Moon of Manifestation

	週四 ⊕ Dali 頂輪・目標	週五 ▦ Seli 海底輪・流動	週六 ◖ Gamma 眉
啓動之週 / 知識啓動我們的觀點與視野	4/4 **1** KIN 166 / PSI	4/5 **2** KIN 167 / PSI	4/6 **3** KIN 168
⬡ B37 ⬡ Art Stabilizes Meditation			
淨化之週 / 謙遜提昇我們靜心的品質	4/11 **8** KIN 173 / PSI	4/12 **9** KIN 174 / PSI	4/13 **10** KIN 175
⬡ B38 ⬡ Meditation Stabilizes Vision			
蛻變之週 / 耐心轉化蛻變了我們的行動	4/18 **15** KIN 180 / PSI	4/19 **16** KIN 181 / PSI	4/20 **17** KIN 182
⬛ B39 ⬡ Purification Stabilizes Enlightenment			
成熟之週 / 力量促使果實成熟與收成	4/25 **22** KIN 187 / PSI	4/26 **23** KIN 188 / PSI	4/27 **24** KIN 189
⬡ B40 ⬡ Enlightenment Stabilizes Timelessness			

流月

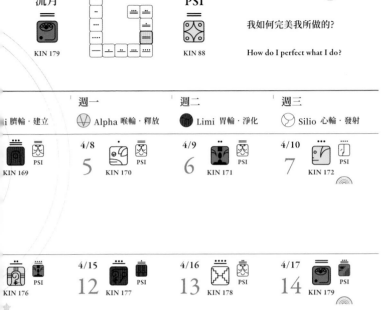

KIN 179

PSI

KIN 88

我如何完美我所做的?

How do I perfect what I do?

	週一	週二	週三
i 臍輪·建立	Alpha 喉輪·釋放	Limi 胃輪·淨化	Silio 心輪·發射

KIN 169 · PSI

4/8 **5** KIN 170 · PSI

4/9 **6** KIN 171 · PSI

4/10 **7** KIN 172

KIN 176 · PSI

4/15 **12** KIN 177 · PSI

4/16 **13** KIN 178 · PSI

4/17 **14** KIN 179

KIN 183 · PSI

4/22 **19** KIN 184 · PSI

4/23 **20** KIN 185 · PSI

4/24 **21** KIN 186

KIN 190 · PSI

4/29 **26** KIN 191 · PSI

4/30 **27** KIN 192 · PSI

5/1 **28** KIN 193

11月

光譜蛇之月
Spectral Serpent Moon of Liberation

		週四 ⊕ Dali 頂輪・目標	週五 ● Seli 海底輪・流動	週六 Gamma 眉
啟動 之週 B41 Sex Spectralizes Vision	知識啟動我們的 觀點與視野	5/2 1 KIN 194 PSI	5/3 2 KIN 195 PSI	5/4 3 KIN 196
淨化 之週 B42 Death Spectralizes Art	謙遜提昇我們 靜心的品質	5/9 8 KIN 201 PSI	5/10 9 KIN 202 PSI	5/11 10 KIN 203
蛻變 之週 B43 Purification Spectralizes Magic	耐心轉化蛻變了 我們的行動	5/16 15 KIN 208 PSI	5/17 16 KIN 209 PSI	5/18 17 KIN 210
成熟 之週 B44 Wisdom Spectralizes Timelessness	力量促使果實 成熟與收成	5/23 22 KIN 215 PSI	5/24 23 KIN 216 PSI	5/25 24 KIN 217

26

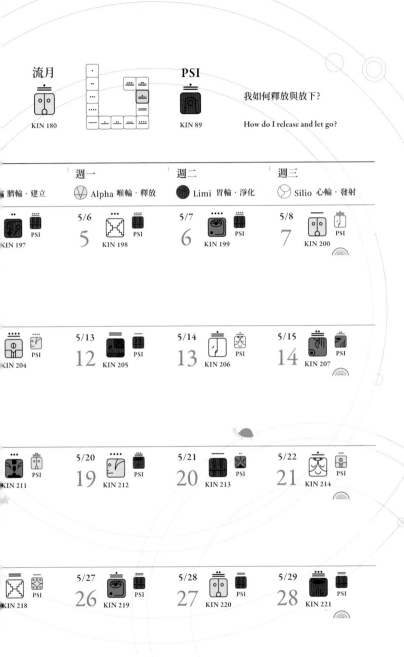

流月

KIN 180

PSI

KIN 89

我如何釋放與放下?

How do I release and let go?

臍輪·建立	週一 ⊗ Alpha 喉輪·釋放	週二 ● Limi 胃輪·淨化	週三 ⊘ Silio 心輪·發射
KIN 197 PSI	5/6 5 KIN 198 PSI	5/7 6 KIN 199 PSI	5/8 7 KIN 200 PSI
KIN 204 PSI	5/13 12 KIN 205 PSI	5/14 13 KIN 206 PSI	5/15 14 KIN 207 PSI
KIN 211 PSI	5/20 19 KIN 212 PSI	5/21 20 KIN 213 PSI	5/22 21 KIN 214 PSI
KIN 218 PSI	5/27 26 KIN 219 PSI	5/28 27 KIN 220 PSI	5/29 28 KIN 221 PSI

12月

≡ 水晶兔子之月
Crystal Rabbit Moon of Cooperation

		週四 ⊕ Dali 頂輪・目標	週五 ● Seli 海底輪・流動	週六 ◗ Gamma 眉
啓動 之週 ⋈–B45– Meditation Transmits Reflection of Sex	知識啓動我們的 觀點與視野	5/30 **1** KIN 222 · PSI	5/31 **2** KIN 223 · PSI	6/1 **3** KIN 224
淨化 之週 ⋈–B46– Meditation Transmits Reflection of Death	謙遜提昇我們的 靜心的品質	6/6 **8** KIN 229 · PSI	6/7 **9** KIN 230 · PSI	6/8 **10** KIN 231
蛻變 之週 ⊡–B47– Self-Generation Transmits Energy of Art	耐心轉化蛻變了 我們的行動	6/13 **15** KIN 236 · PSI	6/14 **16** KIN 237 · PSI	6/15 **17** KIN 238
成熟 之週 ⊡–B48– Self-Generation Transmits Energy of Purification	力量促使果實 成熟與收成	6/20 **22** KIN 243 · PSI	6/21 **23** KIN 244	6/22 **24** KIN 245

流月

KIN 181

PSI

KIN 90

我如何將自己奉獻給所有生命?

How can I dedicate myself to all that lives?

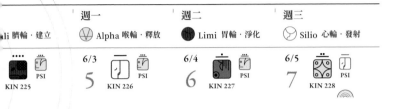

li 臍輪・建立	週一 Alpha 喉輪・釋放	週二 ● Limi 胃輪・淨化	週三 ⊘ Silio 心輪・發射

KIN 225 · PSI

6/3 **5** KIN 226 · PSI

6/4 **6** KIN 227 · PSI

6/5 **7** KIN 228 · PSI

KIN 232 · PSI

6/10 **12** KIN 233 · PSI

6/11 **13** KIN 234 · PSI

6/12 **14** KIN 235 · PSI

KIN 239 · PSI

6/17 **19** KIN 240 · PSI

6/18 **20** KIN 241 · PSI

6/19 **21** KIN 242 · PSI

KIN 246 · PSI

6/24 **26** KIN 247 · PSI

6/25 **27** KIN 248 · PSI

6/26 **28** KIN 249 · PSI

13月

☰ 宇宙烏龜之月

Cosmic Turtle Moon of Presence

		週四 ⊕ Dali 頂輪·目標	週五 ⊗ Seli 海底輪·流動	週六 ◯ Gamma 眉心
啓動 之週 /B49 知識啓動我們的 觀點與視野 Enlightenment Transmits Universal Fire of Magic		6/27 **1** KIN 250 PSI	6/28 **2** KIN 251 PSI	6/29 **3** KIN 252
淨化 之週 /B50 謙遜提昇我們 靜心的品質 Enlightenment Transmits Universal Fire of Wisdom		7/4 **8** KIN 257 PSI	7/5 **9** KIN 258 PSI	7/6 **10** KIN 259
蛻變 之週 /B51 耐心轉化蛻變了 我們的行動 Navigation Transmits Synchronization of		7/11 **15** KIN 4 PSI	7/12 **16** KIN 5 PSI	7/13 **17** KIN 6
成熟 之週 /B52 力量促使果實 成熟與收成 Navigation Transmits Synchronization of		7/18 **22** KIN 11 PSI	7/19 **23** KIN 12 PSI	7/20 **24** KIN 13

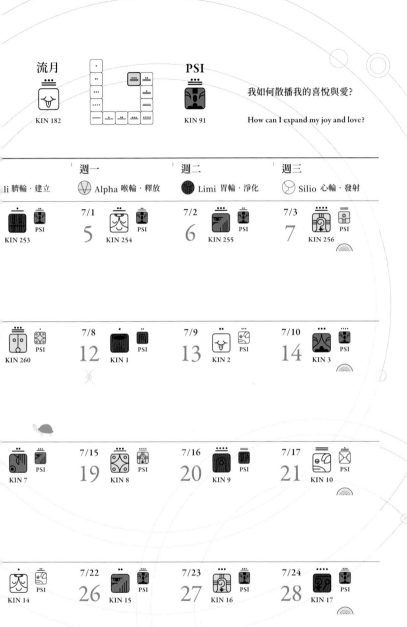

流月

KIN 182

PSI

KIN 91

我如何散播我的喜悅與愛?

How can I expand my joy and love?

li 臍輪·建立	週一 Alpha 喉輪·釋放	週二 Limi 胃輪·淨化	週三 Silio 心輪·發射
KIN 253 · PSI	7/1 **5** KIN 254 · PSI	7/2 **6** KIN 255 · PSI	7/3 **7** KIN 256 · PSI
KIN 260 · PSI	7/8 **12** KIN 1 · PSI	7/9 **13** KIN 2 · PSI	7/10 **14** KIN 3 · PSI
KIN 7 · PSI	7/15 **19** KIN 8 · PSI	7/16 **20** KIN 9 · PSI	7/17 **21** KIN 10 · PSI
KIN 14 · PSI	7/22 **26** KIN 15 · PSI	7/23 **27** KIN 16 · PSI	7/24 **28** KIN 17 · PSI

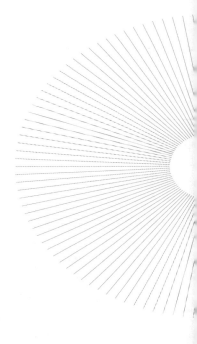

1 月

· **磁性蝙蝠之月**

清晰目的、
吸引並開創想要的人事物

本月關鍵力 ——" **愛·夢想·勇氣** "

這個月 Kin 174 ～ Kin 201，經歷三個波符 ——
白狗波、藍夜波、黃戰士波

○ **本月工作計畫 ——**

● 透過內在探問，清晰自己的內心、提昇覺察與強化內在力量，花一點時間閉起眼睛、問自己：
  "為何我現在想做這些？有回應我內心的渴望嗎？有在愛的路徑上嗎？"

　○ 這些事，這個月必須做嗎？

　○ 對我來說，很重要嗎？重要性或意義是什麼？

　○ 做這些事，能提昇我的生命力嗎？

　○ 如果必須做且重要，那我可以如何做，更能提昇我的生命力呢？

現在對我來說，我想做什麼…

○ 渴望清單 ——

（plus 寫下自我鼓勵金句＆本月抽卡指引的訊息）

○ 習慣追蹤 ——

（本月要覺察的日常習慣：運動、閱讀、觀察想法、靜心、學習系統的修煉、生理期…等）

| [　　　　　] | [　　　　　] | [　　　　　] |

• 磁性蝙蝠之月

1	2	3	4	5	6	7
7/26	7/27	7/28	7/29	7/30	7/31	8/1
8	9	10	11	12	13	14
8/2	8/3	8/4	8/5	8/6	8/7	8/8
15	16	17	18	19	20	21
8/9	8/10	8/11	8/12	8/13	8/14	8/15
22	23	24	25	26	27	28
8/16	8/17	8/18	8/19	8/20	8/21	8/22

• 磁性蝙蝠之月

1	2	3	4	5	6	7
7/26	7/27	7/28	7/29	7/30	7/31	8/1
8	9	10	11	12	13	14
8/2	8/3	8/4	8/5	8/6	8/7	8/8
15	16	17	18	19	20	21
8/9	8/10	8/11	8/12	8/13	8/14	8/15
22	23	24	25	26	27	28
8/16	8/17	8/18	8/19	8/20	8/21	8/22

• 磁性蝙蝠之月

1	2	3	4	5	6	7
7/26	7/27	7/28	7/29	7/30	7/31	8/1
8	9	10	11	12	13	14
8/2	8/3	8/4	8/5	8/6	8/7	8/8
15	16	17	18	19	20	21
8/9	8/10	8/11	8/12	8/13	8/14	8/15
22	23	24	25	26	27	28
8/16	8/17	8/18	8/19	8/20	8/21	8/22

| [　　　　　] | [　　　　　] |

• 磁性蝙蝠之月

1	2	3	4	5	6	7
7/26	7/27	7/28	7/29	7/30	7/31	8/1
8	9	10	11	12	13	14
8/2	8/3	8/4	8/5	8/6	8/7	8/8
15	16	17	18	19	20	21
8/9	8/10	8/11	8/12	8/13	8/14	8/15
22	23	24	25	26	27	28
8/16	8/17	8/18	8/19	8/20	8/21	8/22

• 磁性蝙蝠之月

1	2	3	4	5	6	7
7/26	7/27	7/28	7/29	7/30	7/31	8/1
8	9	10	11	12	13	14
8/2	8/3	8/4	8/5	8/6	8/7	8/8
15	16	17	18	19	20	21
8/9	8/10	8/11	8/12	8/13	8/14	8/15
22	23	24	25	26	27	28
8/16	8/17	8/18	8/19	8/20	8/21	8/22

接下來 28 天，

每天持續更新自己的心理盤點清單 ....

1

週三

⊕ Dali　頂輪 · 目標

陽曆 2023/07/26 = 22/4　　陰曆 2023/06/09 = 22/4

Kin 1

超頻白巫

白狗波符

Go with 心法 ～ 浮誇的自己今天嶄露頭角，互道恭喜新年快樂，愛的啟始點源於我們的心
· 寫下在這年想要創造的心願景

2

週四

〰 Seli　海底輪 · 流動

陽曆 2023/07/27 = 23/5　　陰曆 2023/06/10 = 14/5

Kin 1

韻律藍

白狗波符

Go with 心法 ～ 與他人互動裡練習平等心，我能觀察到我沒有觀察到的

3

週五

 Gamma 眉心輪 · 平靜

陽曆 2023/07/28 = 24/6　　陰曆 2023/06/11 = 15/6

Kin 176

共振黃戰士

 PSI

白狗波符

Go with flow　今天我是傳遞訊息的通道 · 勇敢發問

4

週六

 Kali　臍輪 · 建立

陽曆 2023/07/29 = 25/7　　陰曆 2023/06/12 = 16/7

Kin 177

銀河星系紅地球

 PSI

白狗波符

Go with flow　我能活出內在相信的 · 雙腳踏大地

5
週日

 Alpha　喉輪 · 釋放

陽曆 2023/07/30 = 17/8　　　陰曆 2023/06/13 = 17/8

Kin 1*

太陽白鏡

白狗波符

Go with 心agm　今天我的效率極佳 · 勇於面對內在的眞實

6
週一

 Limi　胃輪 · 淨化

陽曆 2023/07/31 = 18/9　　　陰曆 2023/06/14 = 18/9

Kin 1

行星藍風

白狗波符

Go with 心agm　事情不能只有做完也要做好 · 改變原有的空間擺設

7

週二

白狗波符

⊙ Silio 心輪 · 發射

陽曆 2023/08/01 = 16/7   陰曆 2023/06/15 = 19/10/1

Kin 180

光譜黃太陽

PSI

Go with flow～ 我能放下我不需要的，靜心曬太陽

8

週三

白狗波符

⊕ Dali 頂輪 · 目標

陽曆 2023/08/02 = 17/8   陰曆 2023/06/16 = 20/2

Kin 181

水晶紅龍

PSI

Go with flow～ 今天我能奉獻我自己給這個世界，與家人相聚

9
週四

 Seli　海底輪 · 流動

陽曆 2023/08/03 = 18/9　　陰曆 2023/06/17 = 21/3

Kin 14

宇宙白

白狗波符

Go with flow　今天我能散發喜悅的特質，覺察起心動念

10
週五

Gamma 眉心輪 · 平靜

陽曆 2023/08/04 = 19/10/1　　陰曆 2023/06/18 = 22/4

Kin 1

磁性藍

Wavespell
15

藍夜波符

Go with flow　豐盛的藍夜波開始了，你夢想些什麼呢？我能與最高善的目的合一，我能
成爲吸引豐盛的磁鐵

11

週六

陽曆 2023/08/05 = 20/2　　　陰曆 2023/06/19 = 23/5

Kin 184

月亮黃種子

藍夜波符

Go with flow～　我能穩定自己 · 展現信心

12

週日

Ⓥ Alpha　喉輪 · 釋放

陽曆 2023/08/06 = 21/3　　　陰曆 2023/06/20 = 15/6

Kin 185

電力紅蛇

藍夜波符

Go with flow～　我能把自己服務好就能更好好服務他人，連結紅色生命力銀河季節65天開
始了，寫下生命的熱情與渴望清單

13

週一

○ Limi　胃輪・淨化

陽曆 2023/08/07 = 22/4　　陰曆 2023/06/21 = 16/7

Kin 18

自我存在白世界

藍夜波符

Go with fl♀w〜　找到具體的方法可以去執行・清理物品

14

週二

○ Silio　心輪・發射

陽曆 2023/08/08 = 23/5　　陰曆 2023/06/22 = 17/8

Kin 18

超頻藍

藍夜波符

Go with fl♀w〜　今天我是無比閃耀的孔雀・一步步完成累積的事務

15

週三

 Dali　頂輪·目標

陽曆 2023/08/09 = 24/6　　陰曆 2023/06/23 = 18/9

Kin 188

韻律黃星星

藍夜波符

PSI

Go with flow　身心靈三方同等重要且平衡·買束鮮花享受美麗

16

週四

Seli　海底輪·流動

陽曆 2023/08/10 = 16/7　　陰曆 2023/06/24 = 19/10/1

Kin 189

共振紅月

藍夜波符

PSI

Go with flow　我把自己調頻好就能把最好的共振給他人·感受喜悅

43

17

週五

 Gamma 眉心輪 · 平靜

陽曆 2023/08/11 = 17/8　　陰曆 2023/06/25 = 20/2

Kin 19

銀河星系白狗

藍夜波符

Go with flow～ 我能整合內在與外在 · 給自己秀秀

18

週六

 Kali　臍輪 · 建立

陽曆 2023/08/12 = 18/9　　陰曆 2023/06/26 = 21/3

Kin 19

太陽藍猴

藍夜波符

Go with flow～ 今天我的完成速度很快 · 自我滿足的快樂

19

週日

藍夜波符

PSI

Go with flow～ 事情不能只有做完也要做好，在關係中互助合作又能保有自我

20

週一

藍夜波符

PSI

Go with flow～ 我能消融壓力或負能量，今天要落地務實一點

21

週二

◯ Silio　心輪·發射

陽曆 2023/08/15 = 21/3　　陰曆 2023/06/29 = 24/6

Kin 19

水晶白巫師

P⁵

藍夜波符

Go with flow～　今天我能奉獻我自己給這個世界，靜心時刻又到來，連續七天連結星際馬
雅的智慧與訊息

22

週三

⊕ Dali　頂輪·目標

陽曆 2023/08/16 = 22/4　　陰曆 2023/07/01 = 15/6

Kin 19

宇宙藍鷹

P⁵

藍夜波符

Go with flow～　今天我能散發喜悅的特質，這波符13天最後一天了，我能回顧並超越現況
進展到下一階段，寫下新的未來計畫

23

週四

Wavespell
16

黃戰士波符

 Seli　海底輪 · 流動

陽曆 2023/08/17 = 23/5　　陰曆 2023/07/02 = 16/7

Kin 196

磁性黃戰士

PSI

Go with flow　對自己提問，這13天的計畫是什麼？向內探問、對自己好奇

24

週五

黃戰士波符

 Gamma 眉心輪 · 平靜

陽曆 2023/08/18 = 24/6　　陰曆 2023/07/03 = 17/8

Kin 197

月亮紅地球

PSI

Go with flow　我接納我的陰影 · 食用天然食物

25
週六

Kali　臍輪·建立

陽曆 2023/08/19 = 25/7　　陰曆 2023/07/04 = 18/9

Kin 19

電力白鏡

黃戰士波符

Go with 心 我能把自己服務好就更能好好服務他人·看清自己

26
週日

Alpha　喉輪·釋放

陽曆 2023/08/20 = 17/8　　陰曆 2023/07/05 = 19/10/1

Kin 19

自我存在藍風暴

黃戰士波符

Go with 心 找到具體的方法可以去執行·改變原有的空間擺設

27

週一

⊖ Limi　　胃輪 · 淨化

陽曆 2023/08/21 = 18/9　　　　陰曆 2023/07/06 = 20/2

黃戰士波符

Kin 200

超頻黃太陽

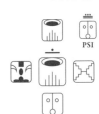

Go with *flow*　浮誇的自己今天嶄露頭角，成為支持者

28

週二

⊖ Silio　　心輪 · 發射

陽曆 2023/08/22 = 19/10/1　　　陰曆 2023/07/07 = 21/3

黃戰士波符

Kin 201

韻律紅龍

Go with *flow*　我能在生活的各方面獲得平衡，與家人相聚

2 月

∴ 月亮蠍子之月

面對黑暗面、
接納挑戰、保持彈性

本月關鍵力 ——" **勇氣・流動淨化・靈性傳遞** "

這個月 Kin 202 ～ Kin 229，經歷三個波符 ——
黃戰士波、紅月波、白風波

○ 本月工作計畫 ——

#進入綠色魔法城堡

● 透過內在探問，清晰自己的內心、提昇覺察與強化內在力量，花一點時間閉起眼睛、問自己：
" 為何我現在想做這些？有回應我內心的渴望嗎？有在愛的路徑上嗎？"

　○ 這些事，這個月必須做嗎？

　○ 對我來說，很重要嗎？重要性或意義是什麼？

　○ 做這些事，能提昇我的生命力嗎？

　○ 如果必須做且重要，那我可以如何做，更能提昇我的生命力呢？

現在對我來說，我想做什麼…

◯ 渴望清單 ——

（plus 寫下自我鼓勵金句＆本月抽卡指引的訊息）

◯ 習慣追蹤 ——

（本月要覺察的日常習慣：運動、閱讀、觀察想法、靜心、學習系統的修煉、生理期…等）

[　　　　　　　] 　 [　　　　　　　] 　 [　　　　　　　]

··			月亮蠍子之月
1 8/23	2 8/24	3 8/25	4 5 6 7 8/26 8/27 8/28 8/29
8 8/30	9 8/31	10 9/1	11 12 13 14 9/2 9/3 9/4 9/5
15 9/6	16 9/7	17 9/8	18 19 20 21 9/9 9/10 9/11 9/12
22 9/13	23 9/14	24 9/15	25 26 27 28 9/16 9/17 9/18 9/19

··			月亮蠍子之月
1 8/23	2 8/24	3 8/25	4 5 6 7 8/26 8/27 8/28 8/29
8 8/30	9 8/31	10 9/1	11 12 13 14 9/2 9/3 9/4 9/5
15 9/6	16 9/7	17 9/8	18 19 20 21 9/9 9/10 9/11 9/12
22 9/13	23 9/14	24 9/15	25 26 27 28 9/16 9/17 9/18 9/19

··			月亮蠍子之月
1 8/23	2 8/24	3 8/25	4 5 6 7 8/26 8/27 8/28 8/29
8 8/30	9 8/31	10 9/1	11 12 13 14 9/2 9/3 9/4 9/5
15 9/6	16 9/7	17 9/8	18 19 20 21 9/9 9/10 9/11 9/12
22 9/13	23 9/14	24 9/15	25 26 27 28 9/16 9/17 9/18 9/19

[　　　　　　　] 　 [　　　　　　　]

··			月亮蠍子之月
1 8/23	2 8/24	3 8/25	4 5 6 7 8/26 8/27 8/28 8/29
8 8/30	9 8/31	10 9/1	11 12 13 14 9/2 9/3 9/4 9/5
15 9/6	16 9/7	17 9/8	18 19 20 21 9/9 9/10 9/11 9/12
22 9/13	23 9/14	24 9/15	25 26 27 28 9/16 9/17 9/18 9/19

··			月亮蠍子之月
1 8/23	2 8/24	3 8/25	4 5 6 7 8/26 8/27 8/28 8/29
8 8/30	9 8/31	10 9/1	11 12 13 14 9/2 9/3 9/4 9/5
15 9/6	16 9/7	17 9/8	18 19 20 21 9/9 9/10 9/11 9/12
22 9/13	23 9/14	24 9/15	25 26 27 28 9/16 9/17 9/18 9/19

接下來 28 天，
每天持續更新自己的心理盤點清單 ....

1

週三

⊕ Dali　頂輪・目標

陽曆 2023/08/23 = 20/2　　陰曆 2023/07/08 = 22/4

Kin 20

共振白風

🔲
黃戰士波符

PS

Go with flow　今天我是傳遞訊息的通道・給予心靈糧食

2

週四

〰 Seli　海底輪・流動

陽曆 2023/08/24 = 21/3　　陰曆 2023/07/09 = 23/5

Kin 20

銀河星系藍夜

PS

🔲
黃戰士波符

Go with flow　我能內外和諧・留意夢境訊息

3

週五

 Gamma 眉心輪 · 平靜

陽曆 2023/08/25 = 22/4　　　陰曆 2023/07/10 = 15/6

Kin 204

太陽黃種子

 PSI

黃戰士波符

Go with flow　今天我能使命必達，等待是值得的

4

週六

 Kali　臍輪 · 建立

陽曆 2023/08/26 = 23/5　　　陰曆 2023/07/11 = 16/7

Kin 205

行星紅蛇

 PSI

黃戰士波符

Go with flow　今天我蠻要求完美的，按摩身體好舒服

2月
·· 月亮蠍子之月
Lunar Scorpion Moon of Challenge

5
週日

Ⓥ Alpha　喉輪 · 釋放

陽曆 2023/08/27 = 24/6　　陰曆 2023/07/12 = 17/8

Kin 20

光譜白世界橋

黃戰士波符

Go with flow　我能消融壓力或負能量 · 與人連結

6
週一

Ⓣ Limi　胃輪 · 淨化

陽曆 2023/08/28 = 25/7　　陰曆 2023/07/13 = 18/9

Kin 20

水晶藍手

黃戰士波符

Go with flow　今天我能奉獻我自己給這個世界 · 照顧保養自己的雙手

7
週二

 Silio　心輪・發射　　　　　　　　　　　　　Kin 208

陽曆 2023/08/29 = 26/8　　　陰曆 2023/07/14 = 19/10/1

宇宙黃星星

黃戰士波符

Go with flow　今天我能散發喜悅的特質・裝扮美麗

8
週三

 Dali　頂輪・目標　　　　　　　　　　　　　Kin 209

陽曆 2023/08/30 = 18/9　　　陰曆 2023/07/15 = 20/2

磁性紅月

Wavespell 17

紅月波符

Go with flow　淨化身心靈的13天，各式清理淨化的道具都準備好了嗎？

9

週四

🌊 Seli　海底輪・流動

陽曆 2023/08/31 = 19/10/1　　陰曆 2023/07/16 = 21/3

Kin 21

月亮白狗

紅月波符

Go with flow　面對自己的挑戰與恐懼・展現善行

10

週五

🖻 Gamma 眉心輪・平靜

陽曆 2023/09/01 = 17/8　　陰曆 2023/07/17 = 22/4

Kin 21

電力藍猴

紅月波符

Go with flow　我能身心靈三方結合・幽默玩耍起來

11

週六

 Kali　臍輪・建立

陽曆 2023/09/02 = 18/9　　陰曆 2023/07/18 = 23/5

Kin 212

自我存在黃人

PSI

紅月波符

Go with flow　保持安在的心・突破框架

12

週日

 Alpha　喉輪・釋放

陽曆 2023/09/03 = 19/10/1　　陰曆 2023/07/19 = 24/6

Kin 213

超頻紅天行者

PSI

紅月波符

Go with flow　今天我是無比閃耀的孔雀・今天要落地務實一點

13

週一

Limi　胃輪 · 淨化

陽曆 2023/09/04 = 20/2　　陰曆 2023/07/20 = 16/7

Kin 21
韻律白巫師

🔲
紅月波符

Go with *flow*　與他人互動裡練習平等心 · 信任自己收到的直覺訊息

14

週二

Silio　心輪 · 發射

陽曆 2023/09/05 = 21/3　　陰曆 2023/07/21 = 17/8

Kin 21
共振藍鷹

🔲
紅月波符

Go with *flow*　今天我是傳遞訊息的通道 · 換位思考

15

週三

⊕ Dali　頂輪・目標

陽曆 2023/09/06 = 22/4　　　陰曆 2023/07/22 = 18/9

銀河星系黃戰士

PSI

🔲
紅月波符

Go with 𝓯𝓵𝓸𝔀　我能整合內在與外在，拿出勇氣

16

週四

Kin 217

⊜ Seli　海底輪・流動

陽曆 2023/09/07 = 23/5　　　陰曆 2023/07/23 = 19/10/1

太陽紅地球

PSI

🔲
紅月波符

Go with 𝓯𝓵𝓸𝔀　我知道內心的意圖是什麼，觀察共時的徵兆與發生

17
週五

☐ Gamma 眉心輪 · 平靜

陽曆 2023/09/08 = 24/6　　陰曆 2023/07/24 = 20/2

Kin 2

行星白銀

🔲 紅月波符

Go with flow　事情不能只有做完也要做好 · 看清自己

18
週六

✳ Kali　臍輪 · 建立

陽曆 2023/09/09 = 25/7　　陰曆 2023/07/25 = 21/3

Kin 21

光譜藍風暴

🔲 紅月波符

Go with flow　我能放下我不需要的 · 改變原有的空間擺設

19

週日

Ⓥ Alpha　喉輪・釋放

陽曆 2023/09/10 = 17/8　　　陰曆 2023/07/26 = 22/4

Kin 220

水晶黃太陽

紅月波符

Go with flow～　今天我能奉獻我自己給這個世界・靜心

20

週一

Ⓣ Limi　胃輪・淨化

陽曆 2023/09/11 = 18/9　　　陰曆 2023/07/27 = 23/5

Kin 221

宇宙紅龍

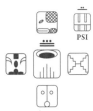

紅月波符

Go with flow～　靜觀並信任宇宙會有安排・滋養自己

21

週二

⊙ Silio　心輪・發射

陽曆 2023/09/12 = 19/10/1　　陰曆 2023/07/28 = 24/6

Kin 2

磁性白

Wavespell
18

白風波符

Go with ~flow~　想到可以連續吃美食13天，給予心靈糧食，不自覺地開心了起來！

22

週三

⊕ Dali　頂輪・目標

陽曆 2023/09/13 = 20/2　　陰曆 2023/07/29 = 25/7

Kin 22

月亮藍

白風波符

Go with ~flow~　面對自己的挑戰與恐懼，抽心靈牌卡與自我對話

23

週四

白風波符

 Seli　海底輪 · 流動

陽曆 2023/09/14 = 21/3　　陰曆 2023/07/30 = 17/8

Kin 224

電力黃種子

Go with 🖐️ 我能把自己服務好就更能好好服務他人 · 展現信心

24

週五

白風波符

 Gamma 眉心輪 · 平靜

陽曆 2023/09/15 = 22/4　　陰曆 2023/08/01 = 16/7

Kin 225

自我存在紅蛇

Go with 🖐️ 今天是有規則有方法的 · 連結生命力

25

週六

(A) Kali　臍輪 · 建立

陽曆 2023/09/16 = 23/5　　　陰曆 2023/08/02 = 17/8

Kin 2.

超頻白世界

[白風波符]

白風波符

Go with flow～　我可以強化我自己的心 · 與他人連結喬事情

26

週日

(V) Alpha　喉輪 · 釋放

陽曆 2023/09/17 = 24/6　　　陰曆 2023/08/03 = 18/9

Kin 2

韻律藍

[白風波符]

白風波符

Go with flow～　與他人互動裡練習平等心 · 進行創作

27

週一

 Limi　胃輪・淨化

陽曆 2023/09/18 = 25/7　　陰曆 2023/08/04 = 19/10/1

Kin 228
共振黃星星

PSI

白風波符

Go with flow　我把自己調頻好就能把最好的共振給他人・浸泡在藝術氛圍

28

週二

 Silio　心輪・發射

陽曆 2023/09/19 = 26/8　　陰曆 2023/08/05 = 20/2

Kin 229
銀河星系紅月

PSI

白風波符

Go with flow　我能內外和諧・泡個溫泉舒展身心

3 月

… 電力鹿之月

本月關鍵力 ——" 靈性傳遞 · 視野洞見 · 美感藝術 "

這個月 Kin 230 ～ Kin 257，經歷三個波符 ——
白風波、藍鷹波、黃星星波

○ 本月工作計畫 ——

● 透過內在探問，清晰自己的內心、提昇覺察與強化內在力量，花一點時間閉起眼睛、問自己：
"爲何我現在想做這些？有回應我內心的渴望嗎？有在愛的路徑上嗎？"

　　○ 這些事，這個月必須做嗎？

　　○ 對我來說，很重要嗎？重要性或意義是什麼？

　　○ 做這些事，能提昇我的生命力嗎？

　　○ 如果必須做且重要，那我可以如何做，更能提昇我的生命力呢？

在對我來說，我想做什麼…

◯ 渴望清單 ——

(plus 寫下自我鼓勵金句&本月抽卡指引的訊息)

◯ 習慣追蹤 ——

本月要覺察的日常習慣：運動、閱讀、觀察想法、靜心、學習系統的修煉、生理期…等)

[　　　　　]　　　[　　　　　]　　　[　　　　　]

•••						電力鹿之月
1	2	3	4	5	6	7
9/20	9/21	9/22	9/23	9/24	9/25	9/26
8	9	10	11	12	13	14
9/27	9/28	9/29	9/30	10/1	10/2	10/3
15	16	17	18	19	20	21
10/4	10/5	10/6	10/7	10/8	10/9	10/10
22	23	24	25	26	27	28
10/11	10/12	10/13	10/14	10/15	10/16	10/17

•••						電力鹿之月
1	2	3	4	5	6	7
9/20	9/21	9/22	9/23	9/24	9/25	9/26
8	9	10	11	12	13	14
9/27	9/28	9/29	9/30	10/1	10/2	10/3
15	16	17	18	19	20	21
10/4	10/5	10/6	10/7	10/8	10/9	10/10
22	23	24	25	26	27	28
10/11	10/12	10/13	10/14	10/15	10/16	10/17

•••						電力鹿之月
1	2	3	4	5	6	7
9/20	9/21	9/22	9/23	9/24	9/25	9/26
8	9	10	11	12	13	14
9/27	9/28	9/29	9/30	10/1	10/2	10/3
15	16	17	18	19	20	21
10/4	10/5	10/6	10/7	10/8	10/9	10/10
22	23	24	25	26	27	28
10/11	10/12	10/13	10/14	10/15	10/16	10/17

[　　　　　]　　　[　　　　　]

•••						電力鹿之月
1	2	3	4	5	6	7
9/20	9/21	9/22	9/23	9/24	9/25	9/26
8	9	10	11	12	13	14
9/27	9/28	9/29	9/30	10/1	10/2	10/3
15	16	17	18	19	20	21
10/4	10/5	10/6	10/7	10/8	10/9	10/10
22	23	24	25	26	27	28
10/11	10/12	10/13	10/14	10/15	10/16	10/17

•••						電力鹿之月
1	2	3	4	5	6	7
9/20	9/21	9/22	9/23	9/24	9/25	9/26
8	9	10	11	12	13	14
9/27	9/28	9/29	9/30	10/1	10/2	10/3
15	16	17	18	19	20	21
10/4	10/5	10/6	10/7	10/8	10/9	10/10
22	23	24	25	26	27	28
10/11	10/12	10/13	10/14	10/15	10/16	10/17

接下來 28 天，
每天持續更新自己的心理盤點清單 ....

1

週三

⊕ Dali　頂輪·目標

陽曆 2023/09/20 = 18/9　　陰曆 2023/08/06 = 21/3

Kin 2

太陽白

白風波符

Go with 𝄞 意圖設定在哪裡就會達成什麼·疼惜自己

2

週四

⊖ Seli　海底輪·流動

陽曆 2023/09/21 = 19/10/1　　陰曆 2023/08/07 = 22/4

Kin 2

行星藍

白風波符

Go with 𝄞 事情不能只有做完也要做好·看一本啓迪智慧的書籍

3

週五

白風波符

 Gamma 眉心輪・平靜

陽曆 2023/09/22 = 20/2　　　陰曆 2023/08/08 = 23/5

Kin 232

光譜黃人

PSI

Go with ┼┼a┼w～　我能消融壓力或負能量，替自己的決定負起責任

4

週六

白風波符

 Kali　　臍輪・建立

陽曆 2023/09/23 = 21/3　　　陰曆 2023/08/09 = 24/6

Kin 233

水晶紅天行者

PSI

Go with ┼┼a┼w～　把光奉獻給這個世界，秋分靜心，感謝豐收的時刻，數算恩典與一路走來
收穫的禮物

3月 ··· 電力鹿之月
Electric Deer Moon of Service

5
週日

 Alpha　喉輪・釋放

陽曆 2023/09/24 = 22/4　　陰曆 2023/08/10 = 16/7

Kin

宇宙白巫

白風波符

Go with *flow*　靜觀並信任宇宙會有安排，花些時間靜心

6
週一

 Limi　胃輪・淨化

陽曆 2023/09/25 = 23/5　　陰曆 2023/08/11 = 17/8

Kin

磁性藍

Wavespell
19

藍鷹波符

Go with *flow*　花一些時間確認自己的計畫執行狀況，再次校準並修正

7

週二

◇ Silio　心輪・發射

陽曆 2023/09/26 = 24/6　　　陰曆 2023/08/12 = 18/9

Kin 236

月亮黃戰士

藍鷹波符

Go with fyaw～　我能穩定自己・勇敢發問

8

週三

⊕ Dali　頂輪・目標

陽曆 2023/09/27 = 25/7　　　陰曆 2023/08/13 = 19/10/1

Kin 237

電力紅地球

藍鷹波符

Go with fyaw～　我能把自己服務好就更能好好服務他人・與水晶連結

9

週四

~ Seli　海底輪 · 流動

陽曆 2023/09/28 = 26/8　　陰曆 2023/08/14 = 20/2

Kin 2

自我存在自

藍鷹波符

Go with 心念~　隨時隨地都能找到隸屬感 · 勇於面對內在的真實

10

週五

⌂ Gamma 眉心輪 · 平靜

陽曆 2023/09/29 = 27/9　　陰曆 2023/08/15 = 21/3

Kin

超頻藍風

藍鷹波符

Go with 心念~　我能把內在力量放射於行動上 · 有變動的一天

11

週六

藍鷹波符

 Kali 臍輪・建立

陽曆 2023/09/30 = 19/10/1　　陰曆 2023/08/16 = 22/4

Kin 240

韻律黃太陽

PSI

Go with *flow* 與他人互動裡練習平等心・溫暖他人

12

週日

藍鷹波符

 Alpha 喉輪・釋放

陽曆 2023/10/01 = 9　　　　陰曆 2023/08/17 = 23/5

Kin 241

共振紅龍

PSI

Go with *flow* 今天我是傳遞訊息的通道・與老朋友見面

13

週一

🌀 Limi　胃輪 · 淨化

陽曆 2023/10/02 = 10/1　　　陰曆 2023/08/18 = 24/6

Kin 2

銀河星系白

🖼️
藍鷹波符

Go with 𝑓𝑦𝑎𝑤　我能整合內在與外在 · 給予心靈糧食

14

週二

🌀 Silio　心輪 · 發射

陽曆 2023/10/03 = 11/2　　　陰曆 2023/08/19 = 25/7

Kin 2

太陽藍

🖼️
藍鷹波符

Go with 𝑓𝑦𝑎𝑤　今天我的效率極佳 · 給自己豐盛的一天

15

週三

PSI

藍鷹波符

Go with flow　我今天顯化能力很強・多些耐心

16

週四

PSI

藍鷹波符

Go with flow　我能放下我不需要的・按摩身體

17

週五

⊤ Gamma 眉心輪・平靜

陽曆 2023/10/06 = 14/5　　　陰曆 2023/08/22 = 19/10/1

Kin 2
水晶白世界

藍鷹波符

Go with flow〜　今天我能奉獻我自己給這個世界・連接天地能量

18

週六

⊕ Kali　臍輪・建立

陽曆 2023/10/07 = 15/6　　　陰曆 2023/08/23 = 20/2

Kin 2
宇宙藍

藍鷹波符

Go with flow〜　我能活在當下・寫下具體執行計畫

19

週日

 Alpha　喉輪・釋放

陽曆 2023/10/08 = 16/7　　　陰曆 2023/08/24 = 21/3

Kin 248

磁性黃星星

PSI

Wavespell
20

黃星星波符

Go with ʃʃ⍺ω〜　回到本心與初衷，星星波開始了，這13天來創造些什麼美麗的事吧

20

週一

 Limi　胃輪・淨化

陽曆 2023/10/09 = 17/8　　　陰曆 2023/08/25 = 22/4

Kin 249

月亮紅月

PSI

黃星星波符

Go with ʃʃ⍺ω〜　我接納我的陰影，多喝水

21

週二

⊘ Silio 心輪 · 發射

陽曆 2023/10/10 = 9　　　陰曆 2023/08/26 = 23/5

Kin 2

電力白

黃星星波符

Go with ⴰ⟿ 白色愛的銀河季節65天開始，好好愛著自己的心

22

週三

⊕ Dali 頂輪 · 目標

陽曆 2023/10/11 = 10/1　　　陰曆 2023/08/27 = 24/6

Kin 25

自我存在藍

黃星星波符

Go with ⴰ⟿ 找到具體的方法可以去執行，講冷笑話

23

週四

黃星星波符

 Seli　海底輪・流動

陽曆 2023/10/12 = 11/2　　陰曆 2023/08/28 = 25/7

Kin 252

超頻黃人

PSI

Go with flow　我可以展現行動力・突破框架

24

週五

黃星星波符

 Gamma 眉心輪・平靜

陽曆 2023/10/13 = 12/3　　陰曆 2023/08/29 = 26/8

Kin 253

韻律紅天行者

PSI

Go with flow　信任生命有其節奏與韻律・體驗新的學習

25
週六

 Kali　臍輪 · 建立

陽曆 2023/10/14 = 13/4　　　陰曆 2023/08/30 = 18/9

Kin 2
共振白巫

黃星星波符

Go with flow　今天我是傳遞訊息的通道 · 內觀自己心的答案

26
週日

 Alpha　喉輪 · 釋放

陽曆 2023/10/15 = 14/5　　　陰曆 2023/09/01 = 17/8

Kin 25
銀河星系藍

黃星星波符

Go with flow　我相信什麼就能活出這樣的具體展現 · 換位思考

27

週一

 Limi　胃輪・淨化

陽曆 2023/10/16 = 15/6　　　陰曆 2023/09/02 = 18/9

Kin 256

太陽黃戰士

PSI

黃星星波符

Go with 𝒻𝓎𝒶𝓌　今天我的完成速度很快，讀一本書增長智慧

28

週二

 Silio　心輪・發射

陽曆 2023/10/17 = 16/7　　　陰曆 2023/09/03 = 19/10/1

Kin 257

行星紅地球

PSI

黃星星波符

Go with 𝒻𝓎𝒶𝓌　我能完美顯化出我要的，送祝福給地球

4 月

確立服務的形式與方法

···· **自我存在貓頭鷹之月**

本月關鍵力 ——" **優雅・源頭・永恆** "

這個月 Kin 258 ～ Kin 25，經歷三個波符 ——
黃星星波、紅龍波、白巫師波

○ **本月工作計畫 ——**

#進入紅色啓動城堡

● 這個月，要替 260 天的循環做結束。問問自己，過去的 260 天過得如何，有誰想要感謝、有什
　麼想要留在心裡，有什麼想要結束，在此刻一起安靜的畫上句點。迎接下一個新週期的到來，
　Kin1 啓動我們的全新力量，在這新的 260 天裡，你想要創造什麼呢？安靜片刻，試著呼喚你的
　本源，與源頭連結，信任靈感，寫下你心中的關鍵字！

現在對我來說，我想做什麼…

○ 渴望清單 ——

《plus 寫下自我鼓勵金句&本月抽卡指引的訊息》

○ 習慣追蹤 ——

《本月要覺察的日常習慣：運動、閱讀、觀察想法、靜心、學習系統的修煉、生理期…等》

[　　　　　　　　　　]

●●●●　　　自我存在貓頭鷹之月

1	2	3	4	5	6	7
10/18	10/19	10/20	10/21	10/22	10/23	10/24
8	9	10	11	12	13	14
10/25	10/26	10/27	10/28	10/29	10/30	10/31
15	16	17	18	19	20	21
11/1	11/2	11/3	11/4	11/5	11/6	11/7
22	23	24	25	26	27	28
11/8	11/9	11/10	11/11	11/12	11/13	11/14

[　　　　　　　　　　]

●●●●　　　自我存在貓頭鷹之月

1	2	3	4	5	6	7
10/18	10/19	10/20	10/21	10/22	10/23	10/24
8	9	10	11	12	13	14
10/25	10/26	10/27	10/28	10/29	10/30	10/31
15	16	17	18	19	20	21
11/1	11/2	11/3	11/4	11/5	11/6	11/7
22	23	24	25	26	27	28
11/8	11/9	11/10	11/11	11/12	11/13	11/14

[　　　　　　　　　　]

●●●●　　　自我存在貓頭鷹之月

1	2	3	4	5	6	7
10/18	10/19	10/20	10/21	10/22	10/23	10/24
8	9	10	11	12	13	14
10/25	10/26	10/27	10/28	10/29	10/30	10/31
15	16	17	18	19	20	21
11/1	11/2	11/3	11/4	11/5	11/6	11/7
22	23	24	25	26	27	28
11/8	11/9	11/10	11/11	11/12	11/13	11/14

[　　　　　　　　　　]

●●●●　　　自我存在貓頭鷹之月

1	2	3	4	5	6	7
10/18	10/19	10/20	10/21	10/22	10/23	10/24
8	9	10	11	12	13	14
10/25	10/26	10/27	10/28	10/29	10/30	10/31
15	16	17	18	19	20	21
11/1	11/2	11/3	11/4	11/5	11/6	11/7
22	23	24	25	26	27	28
11/8	11/9	11/10	11/11	11/12	11/13	11/14

[　　　　　　　　　　]

●●●●　　　自我存在貓頭鷹之月

1	2	3	4	5	6	7
10/18	10/19	10/20	10/21	10/22	10/23	10/24
8	9	10	11	12	13	14
10/25	10/26	10/27	10/28	10/29	10/30	10/31
15	16	17	18	19	20	21
11/1	11/2	11/3	11/4	11/5	11/6	11/7
22	23	24	25	26	27	28
11/8	11/9	11/10	11/11	11/12	11/13	11/14

接下來 28 天，
每天持續更新自己的心理盤點清單 ....

4月

•••• *自我存在貓頭鷹之月*
Self-existing Owl Moon of Form

1

週三

⊕ Dali　頂輪・目標

陽曆 2023/10/18 = 17/8　　陰曆 2023/09/04 = 20/2

Kin 2

光譜白鏡

黃星星波符

Go with *flow* 　我能消融壓力或負能量・看清自己

2

週四

⊖ Seli　海底輪・流動

陽曆 2023/10/19 = 18/9　　陰曆 2023/09/05 = 21/3

Kin 29

水晶藍風暴

黃星星波符

Go with *flow* 　今天我能奉獻我自己給這個世界・適合丟東西的一天

3

週五

 Gamma 眉心輪・平靜

陽曆 2023/10/20 = 10/1　　　陰曆 2023/09/06 = 22/4

Kin 260

宇宙黃太陽

PSI

黃星星波符

Go with 你心～　今天我能散發喜悅的特質，260天週期的結束，回顧一下自己這些日子的體驗及成長

4

週六

 Kali　臍輪・建立

陽曆 2023/10/21 = 11/2　　　陰曆 2023/09/07 = 23/5

Kin 1

磁性紅龍

PSI

Wavespell
1

紅龍波符

Go with 你心～　新的週期要開始了，這260天的計畫是什麼呢？今天是錨定能量的絕佳時機

5
週日

紅龍波符

Ⓥ Alpha　喉輪・釋放

陽曆 2023/10/22 = 12/3　　　陰曆 2023/09/08 = 24/6

Kin

月亮白風

Go with flow～ 我能穩定自己・覺察起心動念

6
週一

紅龍波符

Ⓣ Limi　胃輪・淨化

陽曆 2023/10/23 = 13/4　　　陰曆 2023/09/09 = 25/7

Kin

電力藍

Go with flow～ 我能活化內在的生命力・抽心靈牌卡與自我對話

7

週二

紅龍波符

⊘ Silio　心輪・發射

陽曆 2023/10/24 = 14/5　　陰曆 2023/09/10 = 17/8

Kin 4

自我存在黃種子

PSI

Go with flow　隨時隨地都能找到隸屬感，趁今天種下願景的種子

8

週三

紅龍波符

⊕ Dali　頂輪・目標

陽曆 2023/10/25 = 15/6　　陰曆 2023/09/11 = 18/9

Kin 5

超頻紅蛇

PSI

Go with flow　浮誇的自己今天嶄露頭角，活動筋骨

9

週四

 Seli　海底輪・流動

陽曆 2023/10/26 = 16/7　　陰曆 2023/09/12 = 19/10/1

Kin

韻律白世界

紅龍波符

Go with flow　我能在生活的各方面獲得平衡・連接天地能量

10

週五

 Gamma 眉心輪・平靜

陽曆 2023/10/27 = 17/8　　陰曆 2023/09/13 = 20/2

Kin

共振藍

紅龍波符

Go with flow　我把自己調頻好就能把最好的共振給他人・寫下具體執行計畫

11

週六

 Kali　臍輪・建立

陽曆 2023/10/28 = 18/9　　陰曆 2023/09/14 = 21/3

紅龍波符

Kin 8
銀河星系黃星星

PSI

Go with 我能內外和諧・浸泡在藝術氛圍

12

週日

 Alpha　喉輪・釋放

陽曆 2023/10/29 = 19/10/1　　陰曆 2023/09/15 = 22/4

紅龍波符

Kin 9
太陽紅月

PSI

Go with 我知道內心的意圖是什麼・談心表達感覺

13

週一

Limi　胃輪・淨化

陽曆 2023/10/30 = 11/2　　陰曆 2023/09/16 = 23/5

Kin

行星白

紅龍波符

Go with flow　事情不能只有做完也要做好，疼惜自己

14

週二

Silio　心輪・發射

陽曆 2023/10/31 = 12/3　　陰曆 2023/09/17 = 24/6

Kin 1

光譜藍猴

紅龍波符

Go with flow　那些不能滋養我的部份都能通通放下，玩耍搞笑

15

週三

Dali　　頂輪 · 目標

陽曆 2023/11/01 = 10/1　　　陰曆 2023/09/18 = 25/7

Kin 12

水晶黃人

PSI

紅龍波符

Go with flow　　今天我能奉獻我自己給這個世界 · 替自己的決定負起責任

16

週四

Seli　　海底輪 · 流動

陽曆 2023/11/02 = 11/2　　　陰曆 2023/09/19 = 26/8

Kin 13

宇宙紅天行者

PSI

紅龍波符

Go with flow　　今天我能擴展我的愛 · 跑來跑去

17

週五

⊓ Gamma 眉心輪・平靜

陽曆 2023/11/03 = 12/3　　　陰曆 2023/09/20 = 18/9

Kin

磁性白巫

Wavespell
2

白巫師波符

Go with 𝑓𝑙𝑜𝑤　巫師波13天啓動・侍奉我內在的神・我的心得到安頓

18

週六

⊕ Kali　　臍輪・建立

陽曆 2023/11/04 = 13/4　　　陰曆 2023/09/21 = 19/10/1

Kin

月亮藍

白巫師波符

Go with 𝑓𝑙𝑜𝑤　放下二元性的對與錯・拉高格局來思考一件事

19

週日

白巫師波符

PSI

Go with ʄʟㄛw　好好服務自己・提出自己的困惑

20

週一

 Limi　胃輪・淨化

陽曆 2023/11/06 = 15/6　　　陰曆 2023/09/23 = 21/3

Kin 17

自我存在紅地球

白巫師波符

PSI

Go with ʄʟㄛw　今天是有規則有方法的・雙腳踏大地

21

週二

Silio 心輪 · 發射

陽曆 2023/11/07 = 16/7　　　陰曆 2023/09/24 = 22/4

Kin

超頻白

白巫師波符

Go with flow～ 我可以展現行動力，能發現更深的自己

22

週三

Dali 頂輪 · 目標

陽曆 2023/11/08 = 17/8　　　陰曆 2023/09/25 = 23/5

Kin

韻律藍風

白巫師波符

Go with flow～ 與他人互動裡練習平等心，有變動的一天

23

週四

白巫師波符

PSI

Go with flow～　我能回歸中心・讚賞自己

24

週五

白巫師波符

PSI

Go with flow～　我能整合內在與外在・回顧往事找到前進的動力

25
週六

白巫師波符

Ⓐ Kali　臍輪 · 建立

陽曆 2023/11/11 = 11/2　　陰曆 2023/09/28 = 26/8

Kin

太陽白

Go with flow～　今天我能使命必達 · 讚美自己與他人

26
週日

白巫師波符

Ⓥ Alpha　喉輪 · 釋放

陽曆 2023/11/12 = 12/3　　陰曆 2023/09/29 = 27/9

Kin

行星藍

Go with flow～　我今天顯化能力很強 · 勇敢說出夢想渴望

27

週一

巫師波符

⊙ Limi　　胃輪・淨化

陽曆 2023/11/13 = 13/4　　　　陰曆 2023/10/01 = 9

光譜黃種子

PSI

Go with flow～　我願意放下緊抓與焦慮，做事要慢慢來

28

週二

巫師波符

⊙ Silio　　心輪・發射

陽曆 2023/11/14 = 14/5　　　　陰曆 2023/10/02 = 10/1

Kin 25

水晶紅蛇

PSI

Go with flow～　今天我能奉獻我自己給這個世界，活動筋骨

5 月
—— 超頻孔雀之月

綻放我的光芒與力量

本月關鍵力 ——" 永恆 · 實踐 · 開悟 · 探索 "

這個月 Kin 26 ～ Kin 53，經歷四個波符 ——
白巫師波、藍手波、黃太陽波、紅天行者波

○ **本月工作計畫** ——

● 透過內在探問，清晰自己的內心、提昇覺察與強化內在力量，花一點時間閉起眼睛、問自己
　 "為何我現在想做這些？有回應我內心的渴望嗎？有在愛的路徑上嗎？"
　　○ 這些事，這個月必須做嗎？
　　○ 對我來說，很重要嗎？重要性或意義是什麼？
　　○ 做這些事，能提昇我的生命力嗎？
　　○ 如果必須做且重要，那我可以如何做，更能提昇我的生命力呢？

生對我來說，我想做什麼⋯

渴望清單 ──

plus 寫下自我鼓勵金句&本月抽卡指引的訊息)

習慣追蹤 ──

本月要覺察的日常習慣：運動、閱讀、觀察想法、靜心、學習系統的修煉、生理期⋯等)

[　　　　　]　　　[　　　　　]　　　[　　　　　]

──				超頻孔雀之月
2	3	4	5	6	7
15	11/16	11/17	11/18	11/19	11/20	11/21
9	10	11	12	13	14
22	11/23	11/24	11/25	11/26	11/27	11/28
16	17	18	19	20	21
29	11/30	12/1	12/2	12/3	12/4	12/5
23	24	25	26	27	28
6	12/7	12/8	12/9	12/10	12/11	12/12

──				超頻孔雀之月
1	2	3	4	5	6	7
11/15	11/16	11/17	11/18	11/19	11/20	11/21
8	9	10	11	12	13	14
11/22	11/23	11/24	11/25	11/26	11/27	11/28
15	16	17	18	19	20	21
11/29	11/30	12/1	12/2	12/3	12/4	12/5
22	23	24	25	26	27	28
12/6	12/7	12/8	12/9	12/10	12/11	12/12

──				超頻孔雀之月
1	2	3	4	5	6	7
11/15	11/16	11/17	11/18	11/19	11/20	11/21
8	9	10	11	12	13	14
11/22	11/23	11/24	11/25	11/26	11/27	11/28
15	16	17	18	19	20	21
11/29	11/30	12/1	12/2	12/3	12/4	12/5
22	23	24	25	26	27	28
12/6	12/7	12/8	12/9	12/10	12/11	12/12

[　　　　　]　　　[　　　　　]

──				超頻孔雀之月
2	3	4	5	6	7
15	11/16	11/17	11/18	11/19	11/20	11/21
9	10	11	12	13	14
22	11/23	11/24	11/25	11/26	11/27	11/28
16	17	18	19	20	21
11/30	12/1	12/2	12/3	12/4	12/5
23	24	25	26	27	28
6	12/7	12/8	12/9	12/10	12/11	12/12

──				超頻孔雀之月
1	2	3	4	5	6	7
11/15	11/16	11/17	11/18	11/19	11/20	11/21
8	9	10	11	12	13	14
11/22	11/23	11/24	11/25	11/26	11/27	11/28
15	16	17	18	19	20	21
11/29	11/30	12/1	12/2	12/3	12/4	12/5
22	23	24	25	26	27	28
12/6	12/7	12/8	12/9	12/10	12/11	12/12

接下來 28 天，
每天持續更新自己的心理盤點清單 ⋯⋯

5月 — 超頻孔雀之月
Overtone Peacock Moon of Radiance

1
週三

⊕ Dali　頂輪・目標

陽曆 2023/11/15 = 15/6　　陰曆 2023/10/03 = 11/2

Kin

宇宙白世界

白巫師波符

Go with ﬂow　今天我能散發喜悅的特質・放下過去迎向新階段

2
週四

〰 Seli　海底輪・流動

陽曆 2023/11/16 = 16/7　　陰曆 2023/10/04 = 12/3

Kin

磁性藍

Wavespell 3

藍手波符

Go with ﬂow　藍手波13天啟動・回到本心與初衷・進行創作・完成想要完成的

3

週五

藍手波符

⊙ Gamma 眉心輪・平靜

陽曆 2023/11/17 = 17/8　　　　陰曆 2023/10/05 = 13/4

Kin 28

月亮黃星星

 PSI

Go with flow　面對自己的挑戰與恐懼・聽首好音樂

4

週六

藍手波符

⊕ Kali　臍輪・建立

陽曆 2023/11/18 = 18/9　　　　陰曆 2023/10/06 = 14/5

Kin 29

電力紅月

PSI

Go with flow　我能把自己服務好就更能好好服務他人・泡澡流汗

5
週日

 Alpha　喉輪・釋放

陽曆 2023/11/19 = 19/10/1　　　陰曆 2023/10/07 = 15/6

Kir

自我存在自

藍手波符

Go with flow　今天是有規則有方法的，給自己秀秀

6
週一

 Limi　胃輪・淨化

陽曆 2023/11/20 = 11/2　　　陰曆 2023/10/08 = 16/7

Kir

超頻蟲

藍手波符

Go with flow　我可以展現行動力，來個遊樂場之旅

7

週二

藍手波符

◇ Silio　心輪・發射

陽曆 2023/11/21 = 12/3　　陰曆 2023/10/09 = 17/8

Kin 32

韻律黃人

Go with flow～　與他人互動裡練習平等心，替自己的決定負起責任

8

週三

藍手波符

⊕ Dali　頂輪・目標

陽曆 2023/11/22 = 13/4　　陰曆 2023/10/10 = 9

Kin 33

共振紅天行者

Go with flow～　今天我是傳遞訊息的通道，跑來跑去

9
週四

 Seli　海底輪 · 流動

陽曆 2023/11/23 = 14/5　　　陰曆 2023/10/11 = 10/1

Kin

銀河星系白巫

藍手波符

Go with ฅ๏ω　我能活出內在相信的 · 來一場魔法儀式

10
週五

 Gamma 眉心輪 · 平靜

陽曆 2023/11/24 = 15/6　　　陰曆 2023/10/12 = 11/2

Kin

太陽藍

藍手波符

Go with ฅ๏ω　今天我能使命必達 · 去山上眺望城市

11

週六

 Kali　臍輪・建立
陽曆 2023/11/25 = 16/7　　陰曆 2023/10/13 = 12/3

 Kin 36
行星黃戰士

PSI

藍手波符

Go with flow　事情不能只有做完也要做好・勇敢發問

12

週日

 Alpha　喉輪・釋放
陽曆 2023/11/26 = 17/8　　陰曆 2023/10/14 = 13/4

 Kin 37
光譜紅地球

PSI

藍手波符

Go with flow　我願意放下緊抓與焦慮・順著流走

13

週一

Limi　胃輪 · 淨化

陽曆 2023/11/27 = 18/9　　陰曆 2023/10/15 = 14/5

Kin

水晶白

藍手波符

Go with flow～　我能與他人與社會及大環境愛的互助合作 · 看清自己

14

週二

Silio　心輪 · 發射

陽曆 2023/11/28 = 19/10/1　　陰曆 2023/10/16 = 15/6

Kin

宇宙藍風

藍手波符

Go with flow～　我能活在當下 · 建立新計畫

15

週三

 Dali　頂輪・目標

陽曆 2023/11/29 = 20/2　　陰曆 2023/10/17 = 16/7

Kin 40

磁性黃太陽

Wavespell
4

黃太陽波符

PSI

Go with *flow* 太陽波13天啓動・成爲支持者的初衷・曬太陽靜心

16

週四

 Seli　海底輪・流動

陽曆 2023/11/30 = 12/3　　陰曆 2023/10/18 = 17/8

Kin 41

月亮紅龍

黃太陽波符

PSI

Go with *flow* 我接納我的陰影・與家人相聚

17

週五

⊙ Gamma 眉心輪 · 平靜

陽曆 2023/12/01 = 11/2　　　陰曆 2023/10/19 = 18/9

Kin

電力白

黃太陽波符

Go with flow　我能活化內在的生命力．寫文章傳遞力量

18

週六

⊕ Kali　　臍輪 · 建立

陽曆 2023/12/02 = 12/3　　　陰曆 2023/10/20 = 10/1

Kin

自我存在藍

黃太陽波符

Go with flow　找到穩定的力量．抽心靈牌卡與自我對話

19

週日

 Alpha　喉輪・釋放

陽曆 2023/12/03 = 13/4　　　陰曆 2023/10/21 = 11/2

Kin 44

超頻黃種子

黃太陽波符

Go with *flow* 　我可以強化我自己的心・多些耐心

20

週一

 Limi　胃輪・淨化

陽曆 2023/12/04 = 14/5　　　陰曆 2023/10/22 = 12/3

Kin 45

韻律紅蛇

黃太陽波符

Go with *flow* 　信任生命有其節奏與韻律・發揮熱情活力

21

週二

◇ Silio　心輪・發射

陽曆 2023/12/05 = 15/6　　　陰曆 2023/10/23 = 13/4

Kin

共振白世界

黃太陽波符

Go with *kyaw* 我能回到自己的核心・清理物品

22

週三

⊕ Dali　頂輪・目標

陽曆 2023/12/06 = 16/7　　　陰曆 2023/10/24 = 14/5

Kin

銀河星系藍

黃太陽波符

Go with *kyaw* 我能內外和諧・按摩雙手

23

週四

黃太陽波符

PSI

Go with *flow* 〜　意圖設定在哪裡就會達成什麼・買束鮮花

24

週五

黃太陽波符

PSI

Go with *flow* 〜　事情不能只有做完也要做好・今天讓自己瘋狂一下

25
週六

 Kali　臍輪・建立

陽曆 2023/12/09 = 19/10/1　　陰曆 2023/10/27 = 17/8

Kin

光譜白

黃太陽波符

Go with flow　我願意放下緊抓與焦慮・疼惜自己

26
週日

Alpha　喉輪・釋放

陽曆 2023/12/10 = 11/2　　陰曆 2023/10/28 = 18/9

Kin

水晶藍

黃太陽波符

Go with flow　今天我能奉獻我自己給這個世界・玩耍搞笑

27

週一

黃太陽波符

Go with flow　這波符13天最後一天了，我能回顧並超越現況進展到下一階段，在關係中
　　　　　　　互助合作又能保有自我

28

週二

⏱ Silio　心輪・發射

陽曆 2023/12/12 = 13/4　　　陰曆 2023/10/30 = 11/2

Kin 53

磁性紅天行者

Wavespell
5

紅天行者波符

Go with flow　紅天行者波13天啓動，體驗新的學習，靜心冥想

6 月

維持平等與平衡

∴ 韻律蜥蜴之月

本月關鍵力 ——" **探索‧連結‧改變** "

這個月 Kin 54 ～ Kin 81，經歷三個波符 ——
紅天行者波、白世界橋波、藍風暴波

○ 本月工作計畫 ——

#進入白色跨越城堡

● 透過內在探問，清晰自己的內心、提昇覺察與強化內在力量，花一點時間閉起眼睛、問自己：
"爲何我現在想做這些？有回應我內心的渴望嗎？有在愛的路徑上嗎？"

　○ 這些事，這個月必須做嗎？

　○ 對我來說，很重要嗎？重要性或意義是什麼？

　○ 做這些事，能提昇我的生命力嗎？

　○ 如果必須做且重要，那我可以如何做，更能提昇我的生命力呢？

在對我來說，我想做什麼⋯

○ 渴望清單 ——

(plus 寫下自我鼓勵金句&本月抽卡指引的訊息)

○ 習慣追蹤 ——

（本月要覺察的日常習慣：運動、閱讀、觀察想法、靜心、學習系統的修煉、生理期⋯等）

[   ]   [   ]   [   ]

⚊				韻律蜥蜴之月		
1	2	3	4	5	6	7
12/13	12/14	12/15	12/16	12/17	12/18	12/19
8	9	10	11	12	13	14
12/20	12/21	12/22	12/23	12/24	12/25	12/26
15	16	17	18	19	20	21
12/27	12/28	12/29	12/30	12/31	1/1	1/2
22	23	24	25	26	27	28
1/3	1/4	1/5	1/6	1/7	1/8	1/9

⚊				韻律蜥蜴之月		
1	2	3	4	5	6	7
12/13	12/14	12/15	12/16	12/17	12/18	12/19
8	9	10	11	12	13	14
12/20	12/21	12/22	12/23	12/24	12/25	12/26
15	16	17	18	19	20	21
12/27	12/28	12/29	12/30	12/31	1/1	1/2
22	23	24	25	26	27	28
1/3	1/4	1/5	1/6	1/7	1/8	1/9

⚊				韻律蜥蜴之月		
1	2	3	4	5	6	7
12/13	12/14	12/15	12/16	12/17	12/18	12/19
8	9	10	11	12	13	14
12/20	12/21	12/22	12/23	12/24	12/25	12/26
15	16	17	18	19	20	21
12/27	12/28	12/29	12/30	12/31	1/1	1/2
22	23	24	25	26	27	28
1/3	1/4	1/5	1/6	1/7	1/8	1/9

[   ]   [   ]

⚊				韻律蜥蜴之月		
1	2	3	4	5	6	7
12/13	12/14	12/15	12/16	12/17	12/18	12/19
8	9	10	11	12	13	14
12/20	12/21	12/22	12/23	12/24	12/25	12/26
15	16	17	18	19	20	21
12/27	12/28	12/29	12/30	12/31	1/1	1/2
22	23	24	25	26	27	28
1/3	1/4	1/5	1/6	1/7	1/8	1/9

⚊				韻律蜥蜴之月		
1	2	3	4	5	6	7
12/13	12/14	12/15	12/16	12/17	12/18	12/19
8	9	10	11	12	13	14
12/20	12/21	12/22	12/23	12/24	12/25	12/26
15	16	17	18	19	20	21
12/27	12/28	12/29	12/30	12/31	1/1	1/2
22	23	24	25	26	27	28
1/3	1/4	1/5	1/6	1/7	1/8	1/9

接下來 28 天，
每天持續更新自己的心理盤點清單 ⋯⋯

1

⊕ Dali　頂輪・目標

陽曆 2023/12/13 = 14/5　　　陰曆 2023/11/01 = 10/1

Kin

月亮白巫

週三

紅天行者波符

Go with flow　我能穩定自己・信任自己收到的直覺訊息

2

≋ Seli　海底輪・流動

陽曆 2023/12/14 = 15/6　　　陰曆 2023/11/02 = 11/2

Kin

電力藍

週四

紅天行者波符

Go with flow　藍色視野的銀河季節65天開始了・就在此刻當下，看看現在，就更能知道
未來

3

週五

 Gamma 眉心輪 · 平靜

陽曆 2023/12/15 = 16/7　　　陰曆 2023/11/03 = 12/3

Kin 56

自我存在黃戰士

PSI

二天行者波符

Go with flow～ 隨時隨地都能找到隸屬感 · 讀一本書增長智慧

4

週六

 Kali　臍輪 · 建立

陽曆 2023/12/16 = 17/8　　　陰曆 2023/11/04 = 13/4

Kin 57

超頻紅地球

PSI

二天行者波符

Go with flow～ 我可以強化我自己的心 · 郊遊踏青

5

週日

Ⓥ Alpha　喉輪・釋放

陽曆 2023/12/17 = 18/9　　陰曆 2023/11/05 = 14/5

Kin

韻律白

⊞
紅天行者波符

Go with flow　我能把平衡的覺知帶入我關係裡，抽心靈牌卡

6

週一

Ⓣ Limi　胃輪・淨化

陽曆 2023/12/18 = 19/10/1　　陰曆 2023/11/06 = 15/6

Kin

共振藍風

⊞
紅天行者波符

Go with flow　我把自己調頻好就能把最好的共振給他人，建立新計畫

7

週二

 Silio　心輪・發射

陽曆 2023/12/19 = 20/2　　　陰曆 2023/11/07 = 16/7

Kin 60

銀河星系黃太陽

工天行者波符

Go with flow〜　我能整合內在與外在・曬太陽

8

週三

 Dali　頂輪・目標

陽曆 2023/12/20 = 12/3　　　陰曆 2023/11/08 = 17/8

Kin 61

太陽紅龍

工天行者波符

Go with flow〜　意圖設定在哪裡就會達成什麼・誕生新事物

9
週四

 Seli　海底輪 · 流動

陽曆 2023/12/21 = 13/4　　　陰曆 2023/11/09 = 18/9

Kin

行星白

紅天行者波符

Go with flow～ 事情不能只有做完也要做好 · 覺察起心動念

10
週五

Gamma 眉心輪 · 平靜

陽曆 2023/12/22 = 14/5　　　陰曆 2023/11/10 = 10/1

Kin

光譜藍

紅天行者波符

Go with flow～ 冬至靜心 · 我能放下我不需要的 · 抽心靈牌卡與自我對話

11

週六

 Kali　臍輪 · 建立

陽曆 2023/12/23 = 15/6　　　陰曆 2023/11/11 = 11/2

Kin 64

水晶黃種子

PSI

红天行者波符

Go with flow　今天我能奉獻我自己給這個世界 · 展現信心

12

週日

 Alpha　喉輪 · 釋放

陽曆 2023/12/24 = 16/7　　　陰曆 2023/11/12 = 12/3

Kin 65

宇宙紅蛇

PSI

红天行者波符

Go with flow　今天我能活在當下 · 連結生命力

13

週一

 Limi　胃輪・淨化

陽曆 2023/12/25 = 17/8　　陰曆 2023/11/13 = 13/4

Kin

磁性白世界

Wavespell
6

白世界橋波符

Go with flow　白世界橋波13天啓動・清理物品・連結新的人事物

14

週二

 Silio　心輪・發射

陽曆 2023/12/26 = 18/9　　陰曆 2023/11/14 = 14/5

Kin

月亮藍

白世界橋波符

Go with flow　我接納我的陰影・寫下具體執行計畫

15

週三

 Dali　頂輪・目標

陽曆 2023/12/27 = 19/10/1　　陰曆 2023/11/15 = 15/6

 Kin 68

電力黃星星

世界橋波符

Go with flow～　我能活化內在的生命力．保持優雅

16

週四

 Seli　海底輪・流動

陽曆 2023/12/28 = 20/2　　陰曆 2023/11/16 = 16/7

Kin 69

自我存在紅月

白世界橋波符

Go with flow～　保持安在的心．談心表達感覺

17

週五

Gamma 眉心輪 · 平靜

陽曆 2023/12/29 = 21/3　　　陰曆 2023/11/17 = 17/8

Kin

超頻白

白世界橋波符

Go with λγαw　　浮誇的自己今天嶄露頭角 · 自我鼓勵

18

週六

Kali　　臍輪 · 建立

陽曆 2023/12/30 = 13/4　　　陰曆 2023/11/18 = 18/9

Kin

韻律藍

白世界橋波符

Go with λγαw　　信任生命有其節奏與韻律 · 好玩放鬆

19

週日

○ Alpha 喉輪・釋放
陽曆 2023/12/31 = 14/5 　　　陰曆 2023/11/19 = 19/10/1

Kin 72
共振黃人

PSI

世界橋波符

Go with flow 今天我是傳遞訊息的通道，在關係中互助合作又能保有自我

20

週一

○ Limi 胃輪・淨化
陽曆 2024/01/01 = 10/1 　　　陰曆 2023/11/20 = 11/2

Kin 73
銀河星系紅天行者

PSI

世界橋波符

Go with flow 我相信什麼就能活出這樣的具體展現，到處移動

125

21
週二

Silio　心輪・發射

陽曆 2024/01/02 = 11/2　　　陰曆 2023/11/21 = 12/3

Kin
太陽白巫

白世界橋波符

Go with flow　今天我的完成速度很快・花些時間靜心

22
週三

Dali　頂輪・目標

陽曆 2024/01/03 = 12/3　　　陰曆 2023/11/22 = 13/4

Kin
行星藍

白世界橋波符

Go with flow　我能完美顯化出我要的・寫下新的未來計畫

23

週四

⊜ Seli　海底輪・流動

陽曆 2024/01/04 = 13/4　　　陰曆 2023/11/23 = 14/5

Kin 76

光譜黃戰士

PSI

世界橋波符

Go with flow　我能放下我不需要的・勇敢發問

24

週五

⌒ Gamma 眉心輪・平靜

陽曆 2024/01/05 = 14/5　　　陰曆 2023/11/24 = 15/6

Kin 77

水晶紅地球

PSI

世界橋波符

Go with flow　今天我能奉獻我自己給這個世界・郊遊踏青

127

25

週六

Kali　臍輪・建立

陽曆 2024/01/06 = 15/6　陰曆 2023/11/25 = 16/7

Kin

宇宙白

白世界橋波符

Go with *flow* ～ 靜觀並信任宇宙會有安排・抽心靈牌卡

26

週日

Alpha　喉輪・釋放

陽曆 2024/01/07 = 16/7　陰曆 2023/11/26 = 17/8

Kin

磁性藍風

藍風暴波符

Go with *flow* ～ 藍風暴波13天啓動・改變原有慣性的大好機會

27

週一

風暴波符

 Limi　胃輪 · 淨化

陽曆 2024/01/08 = 17/8　　　陰曆 2023/11/27 = 18/9

Kin 80

月亮黃太陽

PSI

Go with flow　我能穩定自己 · 溫暖他人

28

週二

風暴波符

 Silio　心輪 · 發射

陽曆 2024/01/09 = 18/9　　　陰曆 2023/11/28 = 19/10/1

Kin 81

電力紅龍

PSI

Go with flow　我能活化內在的生命力 · 誕生新事物

7 月

調整好自己，凡事回歸核心

∴ 共振猴之月

本月關鍵力 ——" 改變・自由意志・脫皮重生 "

這個月 Kin 82 ～ Kin 109，經歷三個波符 ——
藍風暴波、黃人波、紅蛇波

○ 本月工作計畫 ——

#進入藍色蛻變城堡

● 這一年已經過了一半囉！這是一個核心關鍵的月份，是該來好好檢查今年的年度目標是否還
要保留、或完成了多少呢？再次調頻校準。

在對我來說，我想做什麼…

渴望清單 ——

plus 寫下自我鼓勵金句＆本月抽卡指引的訊息)

習慣追蹤 ——

本月要覺察的日常習慣：運動、閱讀、觀察想法、靜心、學習系統的修煉、生理期…等)

[   ]　　　[   ]　　　[   ]

••				共振猴子之月
2	3	4	5	6	7
1/11	1/12	1/13	1/14	1/15	1/16
9	10	11	12	13	14
1/18	1/19	1/20	1/21	1/22	1/23
16	17	18	19	20	21
1/25	1/26	1/27	1/28	1/29	1/30
23	24	25	26	27	28
2/1	2/2	2/3	2/4	2/5	2/6

••					共振猴子之月
1	2	3	4	5	6	7
1/10	1/11	1/12	1/13	1/14	1/15	1/16
8	9	10	11	12	13	14
1/17	1/18	1/19	1/20	1/21	1/22	1/23
15	16	17	18	19	20	21
1/24	1/25	1/26	1/27	1/28	1/29	1/30
22	23	24	25	26	27	28
1/31	2/1	2/2	2/3	2/4	2/5	2/6

••					共振猴子之月
1	2	3	4	5	6	7
1/10	1/11	1/12	1/13	1/14	1/15	1/16
8	9	10	11	12	13	14
1/17	1/18	1/19	1/20	1/21	1/22	1/23
15	16	17	18	19	20	21
1/24	1/25	1/26	1/27	1/28	1/29	1/30
22	23	24	25	26	27	28
1/31	2/1	2/2	2/3	2/4	2/5	2/6

[   ]　　　[   ]

••				共振猴子之月
2	3	4	5	6	7
1/11	1/12	1/13		1/15	1/16
9	10	11	12	13	14
1/18	1/19	1/20	1/21	1/22	1/23
16	17	18	19	20	21
1/25	1/26	1/27	1/28	1/29	1/30
23	24	25	26	27	28
2/1	2/2	2/3	2/4	2/5	2/6

••					共振猴子之月
1	2	3	4	5	6	7
1/10	1/11	1/12	1/13	1/14	1/15	1/16
8	9	10	11	12	13	14
1/17	1/18	1/19	1/20	1/21	1/22	1/23
15	16	17	18	19	20	21
1/24	1/25	1/26	1/27	1/28	1/29	1/30
22	23	24	25	26	27	28
1/31	2/1	2/2	2/3	2/4	2/5	2/6

接下來 28 天，
每天持續更新自己的心理盤點清單 ....

1

週三

⊕ Dali　頂輪・目標

陽曆 2024/01/10 = 10/1　　陰曆 2023/11/29 = 20/2

Ki

自我存在自

藍風暴波符

Go with flow　我可以把我想要做的事情具體化・美食一頓

2

週四

⊜ Seli　海底輪・流動

陽曆 2024/01/11 = 11/2　　陰曆 2023/12/01 = 11/2

Ki

超頻藍

藍風暴波符

Go with flow　我能綻放最大力量・勇敢說出夢想渴望

3

週五

 Gamma 眉心輪・平靜

陽曆 2024/01/12 = 12/3　　　陰曆 2023/12/02 = 12/3

Kin 84

韻律黃種子

PSI

風暴波符

Go with 　我能在生活的各方面獲得平衡・多些耐心

4

週六

 Kali　臍輪・建立

陽曆 2024/01/13 = 13/4　　　陰曆 2023/12/03 = 13/4

Kin 85

共振紅蛇

PSI

風暴波符

Go with 　我能回到自己的核心・傾聽身體需要什麼

5

週日

 Alpha　喉輪・釋放

陽曆 2024/01/14 = 14/5　　　陰曆 2023/12/04 = 14/5

Ki
銀河星系白世界

藍風暴波符

Go with flow　我能內外和諧・放下過去迎向新階段

6

週一

 Limi　胃輪・淨化

陽曆 2024/01/15 = 15/6　　　陰曆 2023/12/05 = 15/6

Ki
太陽

藍風暴波符

Go with flow　今天我的完成速度很快・寫下具體執行計畫

7

週二

 Silio　心輪・發射

陽曆 2024/01/16 = 16/7　　陰曆 2023/12/06 = 16/7

Kin 88

行星黃星星

風暴波符

PSI

Go with 　事情不能只有做完也要做好・看電影

8

週三

 Dali　頂輪・目標

陽曆 2024/01/17 = 17/8　　陰曆 2023/12/07 = 17/8

Kin 89

光譜紅月

風暴波符

PSI

Go with 　我能放下我不需要的・小斷食排毒

7月 ⠶ 共振猴子之月
Resonant Monkey Moon of Attunement

9
週四

 Seli　海底輪 · 流動

陽曆 2024/01/18 = 18/9　　　陰曆 2023/12/08 = 18/9

Ki

水晶白

藍風暴波符

Go with *flow*　我能以愛的態度與人合作 · 約會相愛

10
週五

 Gamma 眉心輪 · 平靜

陽曆 2024/01/19 = 19/10/1　　　陰曆 2023/12/09 = 19/10/1

Ki

宇宙藍

藍風暴波符

Go with *flow*　我可以蓄積能量且不衝動行事 · 看一本啟迪智慧的書籍

11

週六

Wavespell 8

黃人波符

⊕ Kali　臍輪・建立

陽曆 2024/01/20 = 11/2　　　陰曆 2023/12/10 = 11/2

Kin 92

磁性黃人

PSI

Go with *flow* 〜　黃人波13天啓動・我能與最高善的目的合一・替自己的決定負起責任

12

週日

黃人波符

Ⓥ Alpha　喉輪・釋放

陽曆 2024/01/21 = 12/3　　　陰曆 2023/12/11 = 12/3

Kin 93

月亮紅天行者

PSI

Go with *flow* 〜　面對自己的挑戰與恐懼・走出去接觸新環境

13

週一

🌀 Limi 胃輪 · 淨化

陽曆 2024/01/22 = 13/4　　陰曆 2023/12/12 = 13/4

Kin

電力白巫

🗒
黃人波符

Go with *flow* 我能把自己服務好就更能好好服務他人 · 活在當下的練習

14

週二

🌀 Silio 心輪 · 發射

陽曆 2024/01/23 = 14/5　　陰曆 2023/12/13 = 14/5

Kin

自我存在藍

🗒
黃人波符

Go with *flow* 隨時隨地都能找到隸屬感 · 拉高格局來思考一件事

15

週三

Dali　頂輪・目標

陽曆 2024/01/24 = 15/6　　　陰曆 2023/12/14 = 15/6

Kin 96

超頻黃戰士

黃人波符

PSI

Go with flow　我可以強化我自己的心・提出自己的困惑

16

週四

Seli　海底輪・流動

陽曆 2024/01/25 = 16/7　　　陰曆 2023/12/15 = 16/7

Kin 97

韻律紅地球

黃人波符

PSI

Go with flow　我能在生活的各方面獲得平衡・食用天然食物

7月

Resonant Monkey Moon of Attunement

17
週五

◎ Gamma 眉心輪・平靜

陽曆 2024/01/26 = 17/8　　陰曆 2023/12/16 = 17/8

Kin
共振白

黃人波符

Go with flow〜 我把自己調頻好就能把最好的共振給他人・找出盲點

18
週六

Ⓐ Kali　臍輪・建立

陽曆 2024/01/27 = 18/9　　陰曆 2023/12/17 = 18/9

Kin
銀河星系藍風

黃人波符

Go with flow〜 我能整合內在與外在・建立新計畫

19

週日

黃人波符

Alpha　喉輪・釋放

陽曆 2024/01/28 = 19/10/1　　陰曆 2023/12/18 = 19/10/1

Kin 100

太陽黃太陽

PSI

Go with ꜰʟᴏᴡ　我知道內心的意圖是什麼，讚賞自己

20

週一

黃人波符

Limi　胃輪・淨化

陽曆 2024/01/29 = 20/2　　陰曆 2023/12/19 = 20/2

Kin 101

行星紅龍

PSI

Go with ꜰʟᴏᴡ　我能完美顯化出我要的，誕生新事物

21

週二

◯ Silio　心輪・發射

陽曆 2024/01/30 = 12/3　　陰曆 2023/12/20 = 12/3

Kin

光譜白

黃人波符

Go with flow～　我能消融壓力或負能量，覺察起心動念

22

週三

⊕ Dali　頂輪・目標

陽曆 2024/01/31 = 13/4　　陰曆 2023/12/21 = 13/4

Kin 1

水晶藍

黃人波符

Go with flow～　我能把愛普及到所有生命，今天要好好睡一覺

23

週四

 Seli　海底輪・流動

陽曆 2024/02/01 = 11/2　　　陰曆 2023/12/22 = 14/5

Kin 104
宇宙黃種子

PSI

黃人波符

Go with 我能活在當下，展現信心

24

週五

 Gamma 眉心輪・平靜

陽曆 2024/02/02 = 12/3　　　陰曆 2023/12/23 = 15/6

Kin 105
磁性紅蛇

PSI

Wavespell
9

紅蛇波符

Go with 進入蛻變力道最強勁的區域了，準備好要讓自己脫胎換骨了，連結生命力

7月

⸛ 共振猴子之月
Resonant Monkey Moon of Attunement

25
週六

🜨 Kali　臍輪・建立

陽曆 2024/02/03 = 13/4　　陰曆 2023/12/24 = 16/7

Kin
月亮白世界

🀫
紅蛇波符

Go with flow〜 進入綠格10天的日子了，我知道10天後自己會變得更強大

26
週日

🜨 Alpha　喉輪・釋放

陽曆 2024/02/04 = 14/5　　陰曆 2023/12/25 = 17/8

Kin
電力藍

🀫
紅蛇波符

Go with flow〜 我能活化內在的生命力，針對學習的系統進行實際練習

27

週一

○ Limi　胃輪 · 淨化

陽曆 2024/02/05 = 15/6　　陰曆 2023/12/26 = 18/9

Kin 108

自我存在黃星星

PSI

紅蛇波符

Go with flow～　我可以把我想要做的事情具體化 · 買束鮮花

28

週二

○ Silio　心輪 · 發射

陽曆 2024/02/06 = 16/7　　陰曆 2023/12/27 = 19/10/1

Kin 109

超頻紅月

PSI

紅蛇波符

Go with flow～　浮誇的自己今天嶄露頭角 · 淨化內心

8 月

⠿ 銀河星系鷹之月

本月關鍵力 ——" **生命力・看清眞相・遊戲** "

這個月 Kin 110 ～ Kin 137，經歷三個波符 ——
紅蛇波、白鏡波、藍猴波

○ 本月工作計畫 ——

#進宇宙中柱 20 天，顯化力雙倍放大

● 透過內在探問，清晰自己的內心、提昇覺察與強化內在力量，花一點時間閉起眼睛、問自己：
"爲何我現在想做這些？有回應我內心的渴望嗎？有在愛的路徑上嗎？"
○ 這些事，這個月必須做嗎？
○ 對我來說，很重要嗎？重要性或意義是什麼？
○ 做這些事，能提昇我的生命力嗎？
○ 如果必須做且重要，那我可以如何做，更能提昇我的生命力呢？

在對我來說，我想做什麼…

○ 渴望清單 ——

plus 寫下自我鼓勵金句&本月抽卡指引的訊息)

○ 習慣追蹤 ——

本月要覺察的日常習慣：運動、閱讀、觀察想法、靜心、學習系統的修煉、生理期…等)

[   ]   [   ]   [   ]

•••					銀河星系鷹之月
1	2	3	4	5	6	7
2/7	2/8	2/9	2/10	2/11	2/12	2/13
8	9	10	11	12	13	14
2/14	2/15	2/16	2/17	2/18	2/19	2/20
15	16	17	18	19	20	21
2/21	2/22	2/23	2/24	2/25	2/26	2/27
22	23	24	25	26	27	28
2/28	2/29·3/1	3/2	3/3	3/4	3/5	3/6

•••					銀河星系鷹之月
1	2	3	4	5	6	7
2/7	2/8	2/9	2/10	2/11	2/12	2/13
8	9	10	11	12	13	14
2/14	2/15	2/16	2/17	2/18	2/19	2/20
15	16	17	18	19	20	21
2/21	2/22	2/23	2/24	2/25	2/26	2/27
22	23	24	25	26	27	28
2/28	2/29·3/1	3/2	3/3	3/4	3/5	3/6

•••					銀河星系鷹之月
1	2	3	4	5	6	7
2/7	2/8	2/9	2/10	2/11	2/12	2/13
8	9	10	11	12	13	14
2/14	2/15	2/16	2/17	2/18	2/19	2/20
15	16	17	18	19	20	21
2/21	2/22	2/23	2/24	2/25	2/26	2/27
22	23	24	25	26	27	28
2/28	2/29·3/1	3/2	3/3	3/4	3/5	3/6

[   ]   [   ]

•••					銀河星系鷹之月
1	2	3	4	5	6	7
2/7	2/8	2/9	2/10	2/11	2/12	2/13
8	9	10	11	12	13	14
2/14	2/15	2/16	2/17	2/18	2/19	2/20
15	16	17	18	19	20	21
2/21	2/22	2/23	2/24	2/25	2/26	2/27
22	23	24	25	26	27	28
2/28	2/29·3/1	3/2	3/3	3/4	3/5	3/6

•••					銀河星系鷹之月
1	2	3	4	5	6	7
2/7	2/8	2/9	2/10	2/11	2/12	2/13
8	9	10	11	12	13	14
2/14	2/15	2/16	2/17	2/18	2/19	2/20
15	16	17	18	19	20	21
2/21	2/22	2/23	2/24	2/25	2/26	2/27
22	23	24	25	26	27	28
2/28	2/29·3/1	3/2	3/3	3/4	3/5	3/6

接下來 28 天，
每天持續更新自己的心理盤點清單 ....

8月

 銀河星系鷹之月
Galactic Hawk Moon of Integrity

1
週三

⊕ Dali　頂輪・目標

陽曆 2024/02/07 = 17/8　　陰曆 2023/12/28 = 20/2

Kin

韻律白

紅蛇波符

Go with flow〰 我能在生活的各方面獲得平衡・自我鼓勵

2
週四

≋ Seli　海底輪・流動

陽曆 2024/02/08 = 18/9　　陰曆 2023/12/29 = 21/3

Kin 1

共振藍

紅蛇波符

Go with flow〰 今天我是傳遞訊息的通道・玩耍搞笑

3

週五

⊙ Gamma 眉心輪 · 平靜

陽曆 2024/02/09 = 19/10/1　　陰曆 2023/12/30 = 13/4

銀河星系黃人

PSI

🔲
紅蛇波符

Go with flow　今天忙碌大掃除了嗎？保持開心的能量一起團圓年夜飯

4

週六

⊕ Kali　臍輪 · 建立

陽曆 2024/02/10 = 11/2　　陰曆 2024/01/01 = 10/1

Kin 113
太陽紅天行者

PSI

🔲
紅蛇波符

Go with flow　新春年節 · 帶著輕巧的行動與好奇的自己開始走春行程

5
週日

 Alpha　喉輪・釋放

陽曆 2024/02/11 = 12/3　　　陰曆 2024/01/02 = 11/2

Kin 1

行星白巫

紅蛇波符

Go with flow～　今天我蠻要求完美的，花些時間靜心

6
週一

 Limi　胃輪・淨化

陽曆 2024/02/12 = 13/4　　　陰曆 2024/01/03 = 12/3

Kin 1

光譜藍

紅蛇波符

Go with flow～　我能放下我不需要的，寫下新的未來計畫

7

週二

PSI

紅蛇波符

Go with flow　今天我能奉獻我自己給這個世界・勇敢發問

8

週三

PSI

紅蛇波符

Go with flow　這波符13天最後一天了，我能回顧並超越現況進展到下一階段・抱大樹

銀河星系鷹之月
Galactic Hawk Moon of Integrity

9

〰 Seli　海底輪・流動

陽曆 2024/02/15 = 16/7　　陰曆 2024/01/06 = 15/6

週四

Kin

磁性白

Wavespell 10

白鏡波符

·

Go with flow〜　白鏡波的13天開始了，真實活出自己，清晰看見並面對自己是修練關鍵

10

⊤ Gamma 眉心輪・平靜

陽曆 2024/02/16 = 17/8　　陰曆 2024/01/07 = 16/7

週五

Kin 1

月亮藍風

⊠

白鏡波符

Go with flow〜　面對自己的挑戰與恐懼，有變動的一天

11

週六

 Kali　臍輪・建立

陽曆 2024/02/17 = 18/9　　　陰曆 2024/01/08 = 17/8

Kin 120

電力黃太陽

白鏡波符

Go with flow〜　黃色開悟的銀河季節65天開始了，擁抱著那內在冰冷的區域以光融化它

12

週日

 Alpha　喉輪・釋放

陽曆 2024/02/18 = 19/10/1　　　陰曆 2024/01/09 = 18/9

Kin 121

自我存在紅龍

白鏡波符

Go with flow〜　來，堅定地往前走，今天開始正式進入中柱旅程的20天

13

週一

〽 Limi　胃輪‧淨化

陽曆 2024/02/19 = 20/2　　陰曆 2024/01/10 = 10/1

Kin
超頻白

白鏡波符

Go with Flow～ 我可以展現行動力‧給予心靈糧食

14

週二

〇 Silio　心輪‧發射

陽曆 2024/02/20 = 12/3　　陰曆 2024/01/11 = 11/2

Kin 1
韻律藍

白鏡波符

Go with Flow～ 與他人互動裡練習平等心‧勇敢說出夢想渴望

15

週三

Kin 124

共振黃種子

白鏡波符

Go with flow〜　我把自己調頻好就能把最好的共振給他人，等待是值得的

16

週四

Kin 125

銀河星系紅蛇

白鏡波符

Go with flow〜　我相信什麼就能活出這樣的具體展現，活動筋骨

17

週五

Ⓖ Gamma 眉心輪・平靜

陽曆 2024/02/23 = 15/6　　陰曆 2024/01/14 = 14/5

Kin 1

太陽白世界

⊠
白鏡波符

Go with *fyaw* ～ 我知道內心的意圖是什麼．連接天地能量

18

週六

Ⓐ Kali　　臍輪・建立

陽曆 2024/02/24 = 16/7　　陰曆 2024/01/15 = 15/6

Kin 1

行星藍

⊠
白鏡波符

Go with *fyaw* ～ 今天我懺要求完美的．把拖延的事情完成

19

週日

 Alpha　喉輪 · 釋放

陽曆 2024/02/25 = 17/8　　　陰曆 2024/01/16 = 16/7

Kin 128

光譜黃星星

PSI

白鏡波符

Go with flow～　我能放下我不需要的，看電影

20

週一

Limi　胃輪 · 淨化

陽曆 2024/02/26 = 18/9　　　陰曆 2024/01/17 = 17/8

Kin 129

水晶紅月

PSI

白鏡波符

Go with flow～　我能把愛普及到所有生命，去看瀑布吧

21

週二

◔ Silio　心輪・發射

陽曆 2024/02/27 = 19/10/1　　陰曆 2024/01/18 = 18/9

Kin

宇宙白

白鏡波符

Go with *flow*　我可以蓄積能量且不衝動行事，給自己秀秀

22

週三

⊕ Dali　頂輪・目標

陽曆 2024/02/28 = 20/2　　陰曆 2024/01/19 = 19/10/1

Kin

磁性藍

Wavespell
11

藍猴波符

Go with *flow*　藍猴波的13天開始了，注意別被頭腦把戲耍了，幽默搞笑

23

 Seli　　海底輪・流動　　　　　　　　　　　　　　Kin 132

四＼週五

陽曆 2024/02/29 = 21/3　　　　陰曆 2024/01/20 = 11/2　　月亮黃人
　　　2024/03/01 = 12/3　　　　　　　2024/01/21 = 12/3

　　　　　　　　　　　　　　　　　　　　　　　　　　PSI

藍猴波符

Go with *flow*　放下二元性的對與錯・負起責任才是真自由

24

 Gamma 眉心輪・平靜　　　　　　　　　　　　　Kin 133

週六

陽曆 2024/03/02 = 13/4　　　　陰曆 2024/01/22 = 13/4　　電力紅天行者

　　　　　　　　　　　　　　　　　　　　　　　　　　PSI

藍猴波符

Go with *flow*　我能活化內在的生命力・走出去接觸新環境

25

週日

藍猴波符

Ⓐ Kali　臍輪・建立

陽曆 2024/03/03 = 14/5　　陰曆 2024/01/23 = 14/5

Kin

自我存在白巫

Go with flow　隨時隨地都能找到隸屬感・透過豐盛意識完成物質顯化

26

週一

藍猴波符

Ⓥ Alpha　喉輪・釋放

陽曆 2024/03/04 = 15/6　　陰曆 2024/01/24 = 15/6

Kin

超頻藍

Go with flow　我可以強化我自己的心・去山上眺望城市

27

週二

藍猴波符

⊙ Limi　　胃輪・淨化

陽曆 2024/03/05 = 16/7　　　　陰曆 2024/01/25 = 16/7

Kin 136

韻律黃戰士

PSI

Go with flow　　我能在生活的各方面獲得平衡・勇敢發問

28

週三

藍猴波符

⊙ Silio　　心輪・發射

陽曆 2024/03/06 = 17/8　　　　陰曆 2024/01/26 = 17/8

Kin 137

共振紅地球

PSI

Go with flow　　我能回歸中心・觀察共時的徵兆與發生

9 月

≡ 太陽豹之月

本月關鍵力 ——" **看穿幻象 · 目標與耐心 · 共時順流** "

這個月 Kin 138 ～ Kin 165，經歷三個波符 ——
藍猴波、黃種子波、紅地球波

○ 本月工作計畫 ——

#進入黃色給予城堡

● 透過內在探問，清晰自己的內心、提昇覺察與強化內在力量，花一點時間閉起眼睛、問自己：
  "爲何我現在想做這些？有回應我內心的渴望嗎？有在愛的路徑上嗎？"

  ○ 這些事，這個月必須做嗎？

  ○ 對我來說，很重要嗎？重要性或意義是什麼？

  ○ 做這些事，能提昇我的生命力嗎？

  ○ 如果必須做且重要，那我可以如何做，更能提昇我的生命力呢？

…在對我來說，我想做什麼⋯

渴望清單 ——

(plus 寫下自我鼓勵金句&本月抽卡指引的訊息)

習慣追蹤 ——

(本月要覺察的日常習慣：運動、閱讀、觀察想法、靜心、學習系統的修煉、生理期⋯等)

[   ]

••••				太陽豹之月		
2	3	4	5	6	7	
3/8	3/9	3/10	3/11	3/12	3/13	
8	9	10	11	12	13	14
3/14	3/15	3/16	3/17	3/18	3/19	3/20
15	16	17	18	19	20	21
3/21	3/22	3/23	3/24	3/25	3/26	3/27
22	23	24	25	26	27	28
3/28	3/29	3/30	3/31	4/1	4/2	4/3

[   ]

••••				太陽豹之月		
1	2	3	4	5	6	7
3/7	3/8	3/9	3/10	3/11	3/12	3/13
8	9	10	11	12	13	14
3/14	3/15	3/16	3/17	3/18	3/19	3/20
15	16	17	18	19	20	21
3/21	3/22	3/23	3/24	3/25	3/26	3/27
22	23	24	25	26	27	28
3/28	3/29	3/30	3/31	4/1	4/2	4/3

[   ]

••••				太陽豹之月		
1	2	3	4	5	6	7
3/7	3/8	3/9	3/10	3/11	3/12	3/13
8	9	10	11	12	13	14
3/14	3/15	3/16	3/17	3/18	3/19	3/20
15	16	17	18	19	20	21
3/21	3/22	3/23	3/24	3/25	3/26	3/27
22	23	24	25	26	27	28
3/28	3/29	3/30	3/31	4/1	4/2	4/3

[   ]

•••				太陽豹之月		
2	3	4	5	6	7	
3/8	3/9	3/10	3/11	3/12	3/13	
8	9	10	11	12	13	14
3/14	3/15	3/16	3/17	3/18	3/19	3/20
15	16	17	18	19	20	21
3/21	3/22	3/23	3/24	3/25	3/26	3/27
22	23	24	25	26	27	28
3/28	3/29	3/30	3/31	4/1	4/2	4/3

[   ]

••••				太陽豹之月		
1	2	3	4	5	6	7
3/7	3/8	3/9	3/10	3/11	3/12	3/13
8	9	10	11	12	13	14
3/14	3/15	3/16	3/17	3/18	3/19	3/20
15	16	17	18	19	20	21
3/21	3/22	3/23	3/24	3/25	3/26	3/27
22	23	24	25	26	27	28
3/28	3/29	3/30	3/31	4/1	4/2	4/3

接下來 28 天，
每天持續更新自己的心理盤點清單 ....

1

週四

⊕ Dali　頂輪・目標

陽曆 2024/03/07 = 18/9　　陰曆 2024/01/27 = 18/9

Kin

銀河星系

藍猴波符

Go with fyaw～　我能整合內在與外在・看清自己

2

週五

⊖ Seli　海底輪・流動

陽曆 2024/03/08 = 19/10/1　　陰曆 2024/01/28 = 19/10/1

Kin

太陽藍

藍猴波符

Go with fyaw～　我知道內心的意圖是什麼・建立新計畫

3

週六

Ⓖ Gamma 眉心輪 · 平靜

陽曆 2024/03/09 = 20/2　　　陰曆 2024/01/29 = 20/2

行星黃太陽

PSI

藍猴波符

Go with βγαω　今天我蠻要求完美的，把有形與無形的資源都列出來曬一曬

4

週日

Ⓐ Kali　臍輪 · 建立

陽曆 2024/03/10 = 12/3　　　陰曆 2024/02/01 = 11/2

Kin 141

光譜紅龍

PSI

藍猴波符

Go with βγαω　我能消融壓力或負能量，零極限清理

9月 太陽豹之月
Solar Jaguar Moon of Intention

5
週一

藍猴波符

Alpha　喉輪・釋放
陽曆 2024/03/11 = 13/4　　陰曆 2024/02/02 = 12/3

Kin
水晶白

Go with flow～　我能與他人與社會及大環境愛的互助合作・美食一頓

6
週二

藍猴波符

Limi　胃輪・淨化
陽曆 2024/03/12 = 14/5　　陰曆 2024/02/03 = 13/4

Kin
宇宙藍

Go with flow～　今天我能散發喜悅的特質・抽心靈牌卡與自我對話

7

週三

 Silio 　心輪 · 發射

陽曆 2024/03/13 = 15/6　　　陰曆 2024/02/04 = 14/5

Kin 144

磁性黃種子

PSI

Wavespell 12

黃種子波符

Go with 　種子波13天來了．今天要來做一件事，設下心願種子並寫下來，感謝宇宙
　　　　　　一起幫忙！

8

週四

 Dali 　頂輪 · 目標

陽曆 2024/03/14 = 16/7　　　陰曆 2024/02/05 = 15/6

Kin 145

月亮紅蛇

PSI

種子波符

Go with 　閉上雙眼，感受自己的身體．是的，身體就是我，我與我自己連結

167

9

週五

🌊 Seli　海底輪 · 流動

陽曆 2024/03/15 = 17/8　　陰曆 2024/02/06 = 16/7

Kin

電力白世界

🔲 黃種子波符

Go with 𝒇𝒍𝒐𝒘　我連結內在靈感 · 進行一段自由書寫 · 等待內心的回應 · 進入綠格10天的日子

10

週六

🔵 Gamma 眉心輪 · 平靜

陽曆 2024/03/16 = 18/9　　陰曆 2024/02/07 = 17/8

Kin

自我存在藍

🔲 黃種子波符

Go with 𝒇𝒍𝒐𝒘　保持安在的心 · 進行創作

11

週日

 Kali　臍輪・建立

陽曆 2024/03/17 = 19/10/1　　陰曆 2024/02/08 = 18/9

 黃種子波符

Kin 148

超頻黃星星

PSI

Go with flow　我能綻放最大力量・裝扮美麗

12

週一

 Alpha　喉輪・釋放

陽曆 2024/03/18 = 20/2　　陰曆 2024/02/09 = 19/10/1

 黃種子波符

Kin 149

韻律紅月

PSI

Go with flow　我能在生活的各方面獲得平衡・小斷食排毒

9月 太陽豹之月
Solar Jaguar Moon of Intention

13
週二

 Limi　胃輪・淨化

陽曆 2024/03/19 = 21/3　　陰曆 2024/02/10 = 11/2

Kin

共振白

黃種子波符

Go with fyow～　今天我是傳遞訊息的通道・自我鼓勵

14
週三

Silio　心輪・發射

陽曆 2024/03/20 = 13/4　　陰曆 2024/02/11 = 12/3

Kin

銀河星系藍

黃種子波符

Go with fyow～　春分靜心儀式・為生命注入清新的能量・種下美麗的種子

15

週四

陽曆 2024/03/21 = 14/5　　陰曆 2024/02/12 = 13/4

太陽黃人

PSI

黃種子波符

Go with flow　意圖設定在哪裡就會達成什麼・替自己的決定負起責任

16

週五

⊖ Seli　海底輪・流動
Kin 153

陽曆 2024/03/22 = 15/6　　陰曆 2024/02/13 = 14/5

行星紅天行者

PSI

黃種子波符

Go with flow　事情不能只有做完也要做好・今天要落地務實一點

17

週六

◯ Gamma 眉心輪 · 平靜

陽曆 2024/03/23 = 16/7　　陰曆 2024/02/14 = 15/6

Kin

光譜白巫

🔲
黃種子波符

Go with flow～　我能放下我不需要的，來一場魔法儀式

18

週日

⊕ Kali　臍輪 · 建立

陽曆 2024/03/24 = 17/8　　陰曆 2024/02/15 = 16/7

Kin

水晶藍

🔲
黃種子波符

Go with flow～　我能以愛的態度與人合作，登高望遠

19

週一

Ⓥ Alpha　喉輪・釋放

陽曆 2024/03/25 = 18/9　　陰曆 2024/02/16 = 17/8

黃種子波符

Kin 156

宇宙黃戰士

PSI

Go with 𝑓𝑙𝑜𝑤　今天我能擴展我的愛，拿出勇氣

20

週二

Ⓣ Limi　胃輪・淨化

陽曆 2024/03/26 = 19/10/1　　陰曆 2024/02/17 = 18/9

Wavespell
13

紅地球波符

Kin 157

磁性紅地球

PSI

Go with 𝑓𝑙𝑜𝑤　紅地球波13天來了，雙腳踏大地，飲食回歸自然

21

週三

⊘ Silio　心輪・發射

陽曆 2024/03/27 = 20/2　　陰曆 2024/02/18 = 19/10/1

Kin **1**

月亮白

紅地球波符

Go with *flow* ～　我能穩定自己・看清自己

22

週四

⊕ Dali　頂輪・目標

陽曆 2024/03/28 = 21/3　　陰曆 2024/02/19 = 20/2

Kin 1

電力藍風

紅地球波符

Go with *flow* ～　我能活化內在的生命力・有變動的一天

23

週五

紅地球波符

Kin 160

自我存在黃太陽

PSI

Go with 找到具體的方法可以去執行・靜心

24

週六

紅地球波符

 Gamma 眉心輪・平靜

陽曆 2024/03/30 = 14/5　　　陰曆 2024/02/21 = 13/4

Kin 161

超頻紅龍

PSI

Go with 今天我是無比閃耀的孔雀・誕生新事物

25

週日

Ⓐ Kali　臍輪・建立

陽曆 2024/03/31 = 15/6　　陰曆 2024/02/22 = 14/5

Kin

韻律白

紅地球波符

Go with 𝑓𝑙𝑜𝑤　我能在生活的各方面獲得平衡・寫文章傳遞力量

26

週一

Ⓥ Alpha　喉輪・釋放

陽曆 2024/04/01 = 13/4　　陰曆 2024/02/23 = 15/6

Kin

共振藍

紅地球波符

Go with 𝑓𝑙𝑜𝑤　我能回到自己的核心・抽心靈牌卡與自我對話

27

週二

紅地球波符

 Limi　胃輪・淨化

陽曆 2024/04/02 = 14/5　　　陰曆 2024/02/24 = 16/7

Kin 164

銀河星系黃種子

PSI

Go with flow 　我能活出內在相信的，多些耐心

28

週三

紅地球波符

 Silio　心輪・發射

陽曆 2024/04/03 = 15/6　　　陰曆 2024/02/25 = 17/8

Kin 165

太陽紅蛇

PSI

Go with flow 　今天我的完成速度很快，發揮熱情活力

10 月

顯化成真的完美創造

═ 行星狗之月

本月關鍵力 ——" 大自然・ 愛與忠誠・夢想與豐盛 "

這個月 Kin 166 ～ Kin 193，經歷三個波符 ——
紅地球波、白狗波、藍夜波

○ **本月工作計畫 ——**

● 透過內在探問，清晰自己的內心、提昇覺察與強化內在力量，花一點時間閉起眼睛、問自己：
" 為何我現在想做這些？有回應我內心的渴望嗎？有在愛的路徑上嗎？"

　○ 這些事，這個月必須做嗎？

　○ 對我來說，很重要嗎？重要性或意義是什麼？

　○ 做這些事，能提昇我的生命力嗎？

　○ 如果必須做且重要，那我可以如何做，更能提昇我的生命力呢？

現在對我來說，我想做什麼…

○ **渴望清單** ——

(plus 寫下自我鼓勵金句 & 本月抽卡指引的訊息)

○ **習慣追蹤** ——

(本月要覺察的日常習慣：運動、閱讀、觀察想法、靜心、學習系統的修煉、生理期…等)

[   ]

=					行星狗之月	
1 4/4	2 4/5	3 4/6	4 4/7	5 4/8	6 4/9	7 4/10
8 4/11	9 4/12	10 4/13	11 4/14	12 4/15	13 4/16	14 4/17
15 4/18	16 4/19	17 4/20	18 4/21	19 4/22	20 4/23	21 4/24
22 4/25	23 4/26	24 4/27	25 4/28	26 4/29	27 4/30	28 5/1

[   ]

=					行星狗之月	
1 4/4	2 4/5	3 4/6	4 4/7	5 4/8	6 4/9	7 4/10
8 4/11	9 4/12	10 4/13	11 4/14	12 4/15	13 4/16	14 4/17
15 4/18	16 4/19	17 4/20	18 4/21	19 4/22	20 4/23	21 4/24
22 4/25	23 4/26	24 4/27	25 4/28	26 4/29	27 4/30	28 5/1

[   ]

=					行星狗之月	
1 4/4	2 4/5	3 4/6	4 4/7	5 4/8	6 4/9	7 4/10
8 4/11	9 4/12	10 4/13	11 4/14	12 4/15	13 4/16	14 4/17
15 4/18	16 4/19	17 4/20	18 4/21	19 4/22	20 4/23	21 4/24
22 4/25	23 4/26	24 4/27	25 4/28	26 4/29	27 4/30	28 5/1

[   ]

=					行星狗之月	
1 4/4	2 4/5	3 4/6	4 4/7	5 4/8	6 4/9	7 4/10
8 4/11	9 4/12	10 4/13	11 4/14	12 4/15	13 4/16	14 4/17
15 4/18	16 4/19	17 4/20	18 4/21	19 4/22	20 4/23	21 4/24
22 4/25	23 4/26	24 4/27	25 4/28	26 4/29	27 4/30	28 5/1

[   ]

=					行星狗之月	
1 4/4	2 4/5	3 4/6	4 4/7	5 4/8	6 4/9	7 4/10
8 4/11	9 4/12	10 4/13	11 4/14	12 4/15	13 4/16	14 4/17
15 4/18	16 4/19	17 4/20	18 4/21	19 4/22	20 4/23	21 4/24
22 4/25	23 4/26	24 4/27	25 4/28	26 4/29	27 4/30	28 5/1

接下來 28 天，
每天持續更新自己的心理盤點清單 ....

1

週四

⊕ Dali　頂輪·目標

陽曆 2024/04/04 = 16/7　　陰曆 2024/02/26 = 18/9

Kin 1

行星白世界

紅地球波符

Go with flow　透過白世界橋的力量，在心中感恩並與祖先意念連結，獻上光的祝福

2

週五

≋ Seli　海底輪·流動

陽曆 2024/04/05 = 17/8　　陰曆 2024/02/27 = 19/10/1

Kin 1

光譜藍

紅地球波符

Go with flow　我釋放出內在的靈感·進行創作

3

週六

 Gamma 眉心輪 · 平靜

陽曆 2024/04/06 = 18/9 陰曆 2024/02/28 = 20/2

Kin 168

水晶黃星星

Ⅰ地球波符

PSI

Go with flow 我能把愛普及到所有生命 · 看電影

4

週日

 Kali 臍輪 · 建立

陽曆 2024/04/07 = 19/10/1 陰曆 2024/02/29 = 21/3

Kin 169

宇宙紅月

PSI

紅地球波符

Go with flow 今天我能散發喜悅的特質 · 多喝水

5

週一

Ⓥ Alpha　喉輪 · 釋放

陽曆 2024/04/08 = 20/2　　　陰曆 2024/02/30 = 13/4

Kin 1
磁性白

Wavespell 14

白狗波符

Go with flow　今天又回到年度波符力量的起始點，往前走的此刻再次校準自己的目的，
與內在小孩對話

6

週二

Ⓣ Limi　胃輪 · 淨化

陽曆 2024/04/09 = 21/3　　　陰曆 2024/03/01 = 12/3

Kin 1
月亮藍

白狗波符

Go with flow　我能穩定自己 · 好玩放鬆

7

週三

⊘ Silio　　心輪・發射

陽曆 2024/04/10 = 13/4　　　　陰曆 2024/03/02 = 13/4

Kin 172

電力黃人

PSI

白狗波符

Go with flow　我能活化內在的生命力・替自己的決定負起責任

8

週四

⊕ Dali　　頂輪・目標

陽曆 2024/04/11 = 14/5　　　　陰曆 2024/03/03 = 14/5

Kin 173

自我存在紅天行者

PSI

白狗波符

Go with flow　保持安在的心・到處移動

183

9

週五

◎ Seli　海底輪・流動

陽曆 2024/04/12 = 15/6　　陰曆 2024/03/04 = 15/6

Kin

超頻白巫

白狗波符

Go with flow　浮誇的自己今天嶄露頭角・花些時間靜心

10

週六

○ Gamma 眉心輪・平靜

陽曆 2024/04/13 = 16/7　　陰曆 2024/03/05 = 16/7

Kin 1

韻律藍

白狗波符

Go with flow　身心靈三方同等重要且平衡・寫下新的未來計畫

11

週日

 Kali　臍輪・建立

陽曆 2024/04/14 = 17/8　　　陰曆 2024/03/06 = 17/8

共振黃戰士

白狗波符

PSI

Go with flow～　我能回歸中心・問自己問題並試著找出答案

12

週一

Alpha　喉輪・釋放

陽曆 2024/04/15 = 18/9　　　陰曆 2024/03/07 = 18/9

Kin 177

銀河星系紅地球

白狗波符

PSI

Go with flow～　我能內外和諧・郊遊踏青

13

週二

⊙ Limi　胃輪 · 淨化

陽曆 2024/04/16 = 19/10/1　　陰曆 2024/03/08 = 19/10/1

Kin

太陽白

白狗波符

Go with *flow* 我知道內心的意圖是什麼 · 照鏡子跟自己說話

14

週三

⊙ Silio　心輪 · 發射

陽曆 2024/04/17 = 20/2　　陰曆 2024/03/09 = 20/2

Kin

行星藍風

白狗波符

Go with *flow* 事情不能只有做完也要做好 · 把手邊的工作項目重新排列組合

15

週四

PSI

白狗波符

Go with flow　我能放下我不需要的，成為支持者

16

週五

PSI

白狗波符

Go with flow　我願意在關係中貢獻我自己，回顧往事找到前進的動力

17
週六

Ⓖ Gamma 眉心輪・平靜

陽曆 2024/04/20 = 14/5　　陰曆 2024/03/12 = 14/5

Kin

宇宙白

白狗波符

Go with *flow* 今天我能擴展我的愛・覺察起心動念

18
週日

Ⓐ Kali　臍輪・建立

陽曆 2024/04/21 = 15/6　　陰曆 2024/03/13 = 15/6

Kin

磁性藍

Wavespell
15

藍夜波符

Go with *flow* 藍夜波13天來了・回到豐盛本心與夢想初衷・我能與最高善的目的合一

19

週一

PSI

藍夜波符

Go with 流　我接納我的陰影，給自己鼓勵

20

週二

PSI

藍夜波符

Go with 流　紅色生命力的銀河季節65天開始，擁抱生命獨一無二的道路，我就是獨特
的我

189

21

週三

Silio　心輪・發射

陽曆 2024/04/24 = 18/9　　　陰曆 2024/03/16 = 18/9

藍夜波符

Kin

自我存在白世界

Go with flow　保持安在的心・連接天地能量

22

週四

Dali　頂輪・目標

陽曆 2024/04/25 = 19/10/1　　　陰曆 2024/03/17 = 19/10/1

藍夜波符

Kin

超頻藍

Go with flow　今天我是無比閃耀的孔雀・進行創作

23

週五

 Seli　海底輪 · 流動

陽曆 2024/04/26 = 20/2　　陰曆 2024/03/18 = 20/2

Kin 188

韻律黃星星

PSI

藍夜波符

Go with 　身心靈三方同等重要且平衡 · 買束鮮花

24

週六

 Gamma 眉心輪 · 平靜

陽曆 2024/04/27 = 21/3　　陰曆 2024/03/19 = 21/3

Kin 189

共振紅月

PSI

藍夜波符

Go with 　我把自己調頻好就能把最好的共振給他人 · 談心表達感覺

25

週日

Ⓐ Kali　臍輪·建立

陽曆 2024/04/28 = 22/4　　陰曆 2024/03/20 = 13/4

Kin

銀河星系白

藍夜波符

Go with flow～ 我能整合內在與外在·給自己秀秀

26

週一

Ⓥ Alpha　喉輪·釋放

陽曆 2024/04/29 = 23/5　　陰曆 2024/03/21 = 14/5

Kin

太陽藍

藍夜波符

Go with flow～ 我知道內心的意圖是什麼·自我滿足的快樂

27

週二

藍夜波符

 Limi　胃輪・淨化

陽曆 2024/04/30 = 15/6　　　陰曆 2024/03/22 = 15/6

Kin 192

行星黃人

PSI

Go with flow～　事情不能只有做完也要做好，替自己的決定負起責任

28

週三

藍夜波符

 Silio　心輪・發射

陽曆 2024/05/01 = 14/5　　　陰曆 2024/03/23 = 16/7

Kin 193

光譜紅天行者

PSI

Go with flow～　我能放下我不需要的，穿梭在不同地點

11 月

解放靈感、釋放的力量

⚏ 光譜蛇之月

本月關鍵力 ——" 夢想與豐盛・無畏無懼・淨化與流動 "

這個月 Kin 194 ～ Kin 221，經歷三個波符 ——
藍夜波、黃戰士波、紅月波

○ 本月工作計畫 ——

#進入綠色魔法城堡
#消失的七世代

● 從 Kin194 水晶白巫師～ Kin200 超頻黃太陽，是消失的七世代。把人類歷史從西元前 3113～
2012（大約 5200 年）放入一張卓爾金曆對照年份，大約每 20 年就對應一個 kin 的位置。而
瑪雅人當初跟著國王回到星際，逐漸離開地球的 140 年，就正好對應了 kin194-kin200 的這 7 個
kin。現在，這 7 個 kin 出現的時候，更多時候代表的是星際意識的回歸。提醒我們在地球上
服務本質，別忘了自己是誰。

在對我來說，我想做什麼…

渴望清單 ——

（plus 寫下自我鼓勵金句 & 本月抽卡指引的訊息）

習慣追蹤 ——

（本月要覺察的日常習慣：運動、閱讀、觀察想法、靜心、學習系統的修煉、生理期…等）

[   ]

			光譜蛇之月			
1	2	3	4	5	6	7
5/2	5/3	5/4	5/5	5/6	5/7	5/8
8	9	10	11	12	13	14
5/9	5/10	5/11	5/12	5/13	5/14	5/15
15	16	17	18	19	20	21
5/16	5/17	5/18	5/19	5/20	5/21	5/22
22	23	24	25	26	27	28
5/23	5/24	5/25	5/26	5/27	5/28	5/29

[   ]

			光譜蛇之月			
1	2	3	4	5	6	7
5/2	5/3	5/4	5/5	5/6	5/7	5/8
8	9	10	11	12	13	14
5/9	5/10	5/11	5/12	5/13	5/14	5/15
15	16	17	18	19	20	21
5/16	5/17	5/18	5/19	5/20	5/21	5/22
22	23	24	25	26	27	28
5/23	5/24	5/25	5/26	5/27	5/28	5/29

[   ]

			光譜蛇之月			
1	2	3	4	5	6	7
5/2	5/3	5/4	5/5	5/6	5/7	5/8
8	9	10	11	12	13	14
5/9	5/10	5/11	5/12	5/13	5/14	5/15
15	16	17	18	19	20	21
5/16	5/17	5/18	5/19	5/20	5/21	5/22
22	23	24	25	26	27	28
5/23	5/24	5/25	5/26	5/27	5/28	5/29

[   ]

			光譜蛇之月			
1	2	3	4	5	6	7
5/2	5/3	5/4	5/5	5/6	5/7	5/8
8	9	10	11	12	13	14
5/9	5/10	5/11	5/12	5/13	5/14	5/15
15	16	17	18	19	20	21
5/16	5/17	5/18	5/19	5/20	5/21	5/22
22	23	24	25	26	27	28
5/23	5/24	5/25	5/26	5/27	5/28	5/29

[   ]

			光譜蛇之月			
1	2	3	4	5	6	7
5/2	5/3	5/4	5/5	5/6	5/7	5/8
8	9	10	11	12	13	14
5/9	5/10	5/11	5/12	5/13	5/14	5/15
15	16	17	18	19	20	21
5/16	5/17	5/18	5/19	5/20	5/21	5/22
22	23	24	25	26	27	28
5/23	5/24	5/25	5/26	5/27	5/28	5/29

接下來 28 天，
每天持續更新自己的心理盤點清單 ....

11月 ☰ 光譜蛇之月
Spectral Serpent Moon of Liberation

1

週四

⊕ Dali　頂輪・目標

陽曆 2024/05/02 = 15/6　　陰曆 2024/03/24 = 17/8

Kin

水晶白巫

藍夜波符

Go with flow 〜　我能與他人與社會及大環境愛的互助合作・花些時間靜心

2

週五

◎ Seli　海底輪・流動

陽曆 2024/05/03 = 16/7　　陰曆 2024/03/25 = 18/9

Kin

宇宙藍

藍夜波符

Go with flow 〜　這波符13天最後一天了，我能回顧並超越現況進展到下一階段・換位思考

3

週六

PSI

Wavespell
16

黃戰士波符

Go with flow〜　黃戰士波13天來了 · 釋放恐懼 · 勇敢發問

4

週日

黃戰士波符

PSI

Go with flow〜　放下二元性的對與錯 · 與水晶連結

5
週一

Ⓥ Alpha　喉輪・釋放

陽曆 2024/05/06 = 19/10/1　　陰曆 2024/03/28 = 21/3

Kin

電力白

黃戰士波符

Go with 𝒻𝓁ow～　我能身心靈三方結合．抽心靈牌卡

6
週二

Ⓣ Limi　胃輪・淨化

陽曆 2024/05/07 = 20/2　　陰曆 2024/03/29 = 22/4

Kin

自我存在藍風

黃戰士波符

Go with 𝒻𝓁ow～　找到具體的方法可以去執行．改變原有的空間擺設

7

週三

黃戰士波符

PSI

Go with *flow* 我可以強化我自己的心 · 給出讚美

8

週四

黃戰士波符

PSI

Go with *flow* 我能在生活的各方面獲得平衡 · 回顧往事找到前進的動力

9

週五

黃戰士波符

〰 Seli　海底輪 · 流動

陽曆 2024/05/10 = 14/5　　陰曆 2024/04/03 = 15/6

Kin 2

共振白

Go with 𝆑𝄞ow〰 我能回歸中心 · 覺察起心動念

10

週六

黃戰士波符

⌒ Gamma 眉心輪 · 平靜

陽曆 2024/05/11 = 15/6　　陰曆 2024/04/04 = 16/7

Kin 2

銀河星系藍

Go with 𝆑𝄞ow〰 我能整合內在與外在 · 留意夢境訊息

11

週日

黃戰士波符

 Kali　臍輪・建立

陽曆 2024/05/12 = 16/7　　陰曆 2024/04/05 = 17/8

Kin 204

太陽黃種子

Go with ～flow～　我知道內心的意圖是什麼・做事要慢慢來

12

週一

黃戰士波符

 Alpha　喉輪・釋放

陽曆 2024/05/13 = 17/8　　陰曆 2024/04/06 = 18/9

Kin 205

行星紅蛇

Go with ～flow～　我今天顯化能力很強・去角質

13

週二

⊙ Limi　　胃輪・淨化

陽曆 2024/05/14 = 18/9　　　陰曆 2024/04/07 = 19/10/1

Kin 2

光譜白世界

黃戰士波符

Go with flow ～　我能放下我不需要的，放下過去迎向新階段

14

週三

◎ Silio　　心輪・發射

陽曆 2024/05/15 = 19/10/1　　　陰曆 2024/04/08 = 20/2

Kin 2

水晶藍

黃戰士波符

Go with flow ～　我能與他人與社會及大環境愛的互助合作，進行創作

15

  Dali   頂輪・目標

陽曆 2024/05/16 = 20/2   陰曆 2024/04/09 = 21/3

週四

Kin 208

宇宙黃星星

PSI

黃戰士波符

Go with flow　我可以蓄積能量且不衝動行事・保持優雅

16

  Seli   海底輪・流動

陽曆 2024/05/17 = 21/3   陰曆 2024/04/10 = 13/4

週五

Kin 209

磁性紅月

PSI

Wavespell
17

紅月波符

Go with flow　紅月波13天來了・淨化與清理自身・與自己情緒連結

11月

17

週六

（T）Gamma 眉心輪 · 平靜

陽曆 2024/05/18 = 22/4　　　陰曆 2024/04/11 = 14/5

Kin 2

月亮白

🔲 紅月波符

Go with flow～　面對自己的挑戰與恐懼 · 疼惜自己

18

週日

（A）Kali　　臍輪 · 建立

陽曆 2024/05/19 = 23/5　　　陰曆 2024/04/12 = 15/6

Kin 2

電力藍

🔲 紅月波符

Go with flow～　我能把自己服務好就更能好好服務他人 · 來個遊樂場之旅

19

週一

紅月波符

 Alpha　喉輪‧釋放

陽曆 2024/05/20 = 15/6　　　陰曆 2024/04/13 = 16/7

Kin 212

自我存在黃人

PSI

Go with flow　找到穩定的力量‧自由自在

20

週二

紅月波符

 Limi　胃輪‧淨化

陽曆 2024/05/21 = 16/7　　　陰曆 2024/04/14 = 17/8

Kin 213

超頻紅天行者

PSI

Go with flow　我可以展現行動力‧今天要落地務實一點

11月　━━ 光譜蛇之月
Spectral Serpent Moon of Liberation

21

週三

◎ Silio　心輪・發射

陽曆 2024/05/22 = 17/8　　陰曆 2024/04/15 = 18/9

Kin 2

韻律白巫

紅月波符

Go with *flow* 　與他人互動裡練習平等心・透過豐盛意識完成物質顯化

22

週四

⊕ Dali　頂輪・目標

陽曆 2024/05/23 = 18/9　　陰曆 2024/04/16 = 19/10/1

Kin 2

共振藍

紅月波符

Go with *flow* 　今天我是傳遞訊息的通道・去山上眺望城市

23

週五

PSI

紅月波符

Go with 🌿 我能活出內在相信的・讀一本書增長智慧

24

週六

PSI

紅月波符

Go with 🌿 今天我能使命必達・抱大樹

25

週日

⊕ Kali　臍輪・建立

陽曆 2024/05/26 = 21/3　　　陰曆 2024/04/19 = 22/4

Kin

行星白

🔲 紅月波符

Go with *flow* ～　我能完美顯化出我要的，勇於面對內在的真實

26

週一

⊕ Alpha　喉輪・釋放

陽曆 2024/05/27 = 22/4　　　陰曆 2024/04/20 = 14/5

Kin

光譜藍風

🔲 紅月波符

Go with *flow* ～　我釋放出內在的靈感，建立新計畫

27

週二

紅月波符

◯ Limi　胃輪・淨化

陽曆 2024/05/28 = 23/5　　陰曆 2024/04/21 = 15/6

Kin 220

水晶黃太陽

PSI

Go with flow〜　今天我能奉獻我自己給這個世界，溫暖他人

28

週三

紅月波符

◯ Silio　心輪・發射

陽曆 2024/05/29 = 24/6　　陰曆 2024/04/22 = 16/7

Kin 221

宇宙紅龍

PSI

Go with flow〜　今天我能擴展我的愛，與老朋友見面

12 月

☷ 水晶兔子之月

與宇宙共同創造，
一起合作，奉獻彼此

本月關鍵力 ——" 心靈糧食 · 格局與洞見 · 優雅與美麗 "

這個月 Kin 222 ～ Kin 249，經歷三個波符 ——
白風波、藍鷹波、黃星波

○ **本月工作計畫 ——**

● 透過內在探問，清晰自己的內心、提昇覺察與強化內在力量，花一點時間閉起眼睛、問自己
"為何我現在想做這些？有回應我內心的渴望嗎？有在愛的路徑上嗎？"

　○ 這些事，這個月必須做嗎？

　○ 對我來說，很重要嗎？重要性或意義是什麼？

　○ 做這些事，能提昇我的生命力嗎？

　○ 如果必須做且重要，那我可以如何做，更能提昇我的生命力呢？

現在對我來說，我想做什麼…

渴望清單 ——

(plus 寫下自我鼓勵金句&本月抽卡指引的訊息)

習慣追蹤 ——

(本月要覺察的日常習慣：運動、閱讀、觀察想法、靜心、學習系統的修煉、生理期…等)

[   ]

∷∷			水晶兔子之月			
1	2	3	4	5	6	7
5/30	5/31	6/1	6/2	6/3	6/4	6/5
8	9	10	11	12	13	14
6/6	6/7	6/8	6/9	6/10	6/11	6/12
15	16	17	18	19	20	21
6/13	6/14	6/15	6/16	6/17	6/18	6/19
22	23	24	25	26	27	28
6/20	6/21	6/22	6/23	6/24	6/25	6/26

[   ]

∷∷			水晶兔子之月			
1	2	3	4	5	6	7
5/30	5/31	6/1	6/2	6/3	6/4	6/5
8	9	10	11	12	13	14
6/6	6/7	6/8	6/9	6/10	6/11	6/12
15	16	17	18	19	20	21
6/13	6/14	6/15	6/16	6/17	6/18	6/19
22	23	24	25	26	27	28
6/20	6/21	6/22	6/23	6/24	6/25	6/26

[   ]

∷∷			水晶兔子之月			
1	2	3	4	5	6	7
5/30	5/31	6/1	6/2	6/3	6/4	6/5
8	9	10	11	12	13	14
6/6	6/7	6/8	6/9	6/10	6/11	6/12
15	16	17	18	19	20	21
6/13	6/14	6/15	6/16	6/17	6/18	6/19
22	23	24	25	26	27	28
6/20	6/21	6/22	6/23	6/24	6/25	6/26

[   ]

∷∷			水晶兔子之月			
1	2	3	4	5	6	7
5/30	5/31	6/1	6/2	6/3	6/4	6/5
8	9	10	11	12	13	14
6/6	6/7	6/8	6/9	6/10	6/11	6/12
15	16	17	18	19	20	21
6/13	6/14	6/15	6/16	6/17	6/18	6/19
22	23	24	25	26	27	28
6/20	6/21	6/22	6/23	6/24	6/25	6/26

[   ]

∷∷			水晶兔子之月			
1	2	3	4	5	6	7
5/30	5/31	6/1	6/2	6/3	6/4	6/5
8	9	10	11	12	13	14
6/6	6/7	6/8	6/9	6/10	6/11	6/12
15	16	17	18	19	20	21
6/13	6/14	6/15	6/16	6/17	6/18	6/19
22	23	24	25	26	27	28
6/20	6/21	6/22	6/23	6/24	6/25	6/26

接下來 28 天，
每天持續更新自己的心理盤點清單 ....

1

⊕ Dali　頂輪・目標

陽曆 2024/05/30 = 16/7　　陰曆 2024/04/23 = 17/8

週四

Kin

磁性白

Wavespell 18

白風波符

Go with ⌇⌇⌇ 白風波13天來了・純淨的呼吸與飲食・讓心思意念輕盈

2

◎ Seli　海底輪・流動

陽曆 2024/05/31 = 17/8　　陰曆 2024/04/24 = 18/9

週五

Kin 2

月亮藍

白風波符

Go with ⌇⌇⌇ 放下二元性的對與錯・留意夢境訊息

3

週六

白風波符

Gamma 眉心輪 · 平靜

陽曆 2024/06/01 = 15/6　　陰曆 2024/04/25 = 19/10/1

Kin 224

電力黃種子

PSI

Go with flow　我能身心靈三方結合 · 做事要慢慢來

4

週日

白風波符

Kali　臍輪 · 建立

陽曆 2024/06/02 = 16/7　　陰曆 2024/04/26 = 20/2

Kin 225

自我存在紅蛇

PSI

Go with flow　我可以把我想要做的事情具體化 · 傾聽身體需要什麼

5
週一

(V) Alpha　喉輪・釋放

陽曆 2024/06/03 = 17/8　　陰曆 2024/04/27 = 21/3

Kin

超頻白世界

🐂 白風波符

Go with ƒ♭♪ω~　今天我是無比閃耀的孔雀・清理物品

6
週二

(T) Limi　胃輪・淨化

陽曆 2024/06/04 = 18/9　　陰曆 2024/04/28 = 22/4

Kin

韻律藍

🐂 白風波符

Go with ƒ♭♪ω~　我能把平衡的覺知帶進人我關係裡・一步步完成累積的事務

7

週三

白風波符

 Silio　心輪・發射

陽曆 2024/06/05 = 19/10/1　　陰曆 2024/04/29 = 23/5

PSI

Go with ﬡﬡﬡ　我能回到自己的核心・裝扮美麗

8

週四

白風波符

 Dali　頂輪・目標

陽曆 2024/06/06 = 20/2　　陰曆 2024/05/01 = 14/5

Kin 229

銀河星系紅月

PSI

Go with ﬡﬡﬡ　我能內外和諧・泡個溫泉舒展身心

9

週五

Seli　海底輪 · 流動

陽曆 2024/06/07 = 21/3　　陰曆 2024/05/02 = 15/6

Kin 2

太陽白

白風波符

Go with 　　我知道內心的意圖是什麼 · 自我鼓勵

10

週六

Gamma 眉心輪 · 平靜

陽曆 2024/06/08 = 22/4　　陰曆 2024/05/03 = 16/7

Kin 2

行星藍

白風波符

Go with 　　事情不能只有做完也要做好 · 看一本啟迪智慧的書籍

11

週日

白風波符

Kali　　臍輪・建立

陽曆 2024/06/09 = 23/5　　　陰曆 2024/05/04 = 17/8

Kin 232

光譜黃人

Go with 　那些不能滋養我的部份都能通通放下，在關係中互助合作又能保有自我

12

週一

白風波符

Alpha　　喉輪・釋放

陽曆 2024/06/10 = 15/6　　　陰曆 2024/05/05 = 18/9

Kin 233

水晶紅天行者

Go with 　我能把愛普及到所有生命，跑來跑去

13

週二

🌓 Limi　胃輪・淨化

陽曆 2024/06/11 = 16/7　　陰曆 2024/05/06 = 19/10/1

Kin 2

宇宙白巫

🐂
白風波符

Go with 💜　靜觀並信任宇宙會有安排，透過豐盛意識完成物質顯化

14

週三

🌓 Silio　心輪・發射

陽曆 2024/06/12 = 17/8　　陰曆 2024/05/07 = 20/2

Kin 2

磁性藍

Wavespell
19

藍鷹波符

Go with 💜　藍鷹波13天來了，再次回到本心與初衷，寫下新的未來計畫

15

週四

陽曆 2024/06/13 = 18/9　　　陰曆 2024/05/08 = 21/3

Kin 236

月亮黃戰士

藍鷹波符

Go with flow　放下二元性的對與錯・拿出勇氣

16

週五

⊜ Seli　海底輪・流動

陽曆 2024/06/14 = 19/10/1　　陰曆 2024/05/09 = 22/4

Kin 237

電力紅地球

藍鷹波符

Go with flow　我能身心靈三方結合・雙腳踏大地

17

週六

Gamma 眉心輪・平靜

陽曆 2024/06/15 = 20/2　　　陰曆 2024/05/10 = 14/5

Kin 2

自我存在自

藍鷹波符

Go with flow　保持安在的心・能發現更深的自己

18

週日

Kali　臍輪・建立

陽曆 2024/06/16 = 21/3　　　陰曆 2024/05/11 = 15/6

Kin 2

超頻藍風

藍鷹波符

Go with flow　我能把內在力量放射於行動上・有變動的一天

19

週一

藍鷹波符

 Alpha　喉輪・釋放

陽曆 2024/06/17 = 22/4　　　　陰曆 2024/05/12 = 16/7

韻律黃太陽

PSI

Go with ♪♩♫♪　信任生命有其節奏與韻律，給出讚美

20

週二

藍鷹波符

 Limi　胃輪・淨化

陽曆 2024/06/18 = 23/5　　　　陰曆 2024/05/13 = 17/8

Kin 241

共振紅龍

PSI

Go with ♪♩♫♪　今天我是傳遞訊息的通道，滋養自己

21

週三

〽 Silio　心輪・發射

陽曆 2024/06/19 = 24/6　　陰曆 2024/05/14 = 18/9

Kin 2

銀河星系白

藍鷹波符

Go with 〜〜〜　我能活出內在相信的・給予心靈糧食

22

週四

⊕ Dali　頂輪・目標

陽曆 2024/06/20 = 16/7　　陰曆 2024/05/15 = 19/10/1

Kin 2

太陽藍

藍鷹波符

Go with 〜〜〜　我知道內心的意圖是什麼・勇敢說出夢想渴望

23

週五

藍鷹波符

⊜ Seli　海底輪・流動

陽曆 2024/06/21 = 17/8　　陰曆 2024/05/16 = 20/2

Kin 244
行星黃種子

PSI

Go with *fyaw* 夏至靜心・我能完美顯化出我要的・展現信心

24

週六

藍鷹波符

◯ Gamma 眉心輪・平靜

陽曆 2024/06/22 = 18/9　　陰曆 2024/05/17 = 21/3

Kin 245
光譜紅蛇

PSI

Go with *fyaw* 我能放下我不需要的・活動筋骨

25

週日

Ⓐ Kali　臍輪・建立

陽曆 2024/06/23 = 19/10/1　　陰曆 2024/05/18 = 22/4

Kin 2

水晶白世界

📋
藍鷹波符

Go with *flow*　我能與他人與社會及大環境愛的互助合作，與人連結

26

週一

Ⓦ Alpha　喉輪・釋放

陽曆 2024/06/24 = 20/2　　陰曆 2024/05/19 = 23/5

Kin 24

宇宙藍

📋
藍鷹波符

Go with *flow*　這波符13天最後一天了，我能回顧並超越現況進展到下一階段，完成所有
想要完成的事

27

週二

PSI

Wavespell
20

黃星星波符

Go with 人OW～　黃星星波13天來了・看見內在清晰明亮的美麗指引

28

週三

PSI

黃星星波符

Go with 人OW～　放下二元性的對與錯・小斷食排毒

13 月

☶ 宇宙烏龜之月

唯有愛與喜悅，讓我們回到當下，
持續擴展愛、分享愛

本月關鍵力 ——" **藝術與美感‧開創與誕生‧心向內** "

這個月 Kin 250 ～ Kin 17，經歷三個波符 ——

黃星星波、紅龍波、白巫師波

○ **本月工作計畫 ——**

#進入紅色啓動城堡

● Kin1 的全新週期到來。在此刻，我們即將展開全新的意識，成爲一個全新的存在！

你接下來的生活有 260 天，就是全觀的整張卓爾金曆，而你此刻正站在起點。

我們以新的高度來看著每一個 kin 的格子，每一個格子就像是一個小房間。

現在，邀請大家，我們一起來做一個 260 天的練習。

每天替自己的 kin 小格子注入希望，讓光的傳遞綿延不絕，從前一個傳遞到下一個，前一個 ki
光滿溢時，就會流動到下一個 kin 小格子。

你彷彿能看見，這道光，就像一條金黃色的龍，延展到每一個格子裡，持續 260 天！

你能想像嗎？在 260 天後，你將會孕育出什麼樣的新創造！你將會替自己開展初什麼樣的新埠
界、你將會活出什麼樣的新生活！

現在對我來說，我想做什麼…

○ 渴望清單 ──

(plus 寫下自我鼓勵金句&本月抽卡指引的訊息)

○ 習慣追蹤 ──

(本月要覺察的日常習慣：運動、閱讀、觀察想法、靜心、學習系統的修煉、生理期…等)

[   ]　　[   ]　　[   ]

▬▬▬▬	宇宙烏龜之月

1	2	3	4	5	6	7
6/27	6/28	6/29	6/30	7/1	7/2	7/3
8	9	10	11	12	13	14
7/4	7/5	7/6	7/7	7/8	7/9	7/10
15	16	17	18	19	20	21
7/11	7/12	7/13	7/14	7/15	7/16	7/17
22	23	24	25	26	27	28
7/18	7/19	7/20	7/21	7/22	7/23	7/24

▬▬▬▬	宇宙烏龜之月

1	2	3	4	5	6	7
6/27	6/28	6/29	6/30	7/1	7/2	7/3
8	9	10	11	12	13	14
7/4	7/5	7/6	7/7	7/8	7/9	7/10
15	16	17	18	19	20	21
7/11	7/12	7/13	7/14	7/15	7/16	7/17
22	23	24	25	26	27	28
7/18	7/19	7/20	7/21	7/22	7/23	7/24

▬▬▬▬	宇宙烏龜之月

1	2	3	4	5	6	7
6/27	6/28	6/29	6/30	7/1	7/2	7/3
8	9	10	11	12	13	14
7/4	7/5	7/6	7/7	7/8	7/9	7/10
15	16	17	18	19	20	21
7/11	7/12	7/13	7/14	7/15	7/16	7/17
22	23	24	25	26	27	28
7/18	7/19	7/20	7/21	7/22	7/23	7/24

[   ]　　[   ]

▬▬▬▬	宇宙烏龜之月

1	2	3	4	5	6	7
6/27	6/28	6/29	6/30	7/1	7/2	7/3
8	9	10	11	12	13	14
7/4	7/5	7/6	7/7	7/8	7/9	7/10
15	16	17	18	19	20	21
7/11	7/12	7/13	7/14	7/15	7/16	7/17
22	23	24	25	26	27	28
7/18	7/19	7/20	7/21	7/22	7/23	7/24

▬▬▬▬	宇宙烏龜之月

1	2	3	4	5	6	7
6/27	6/28	6/29	6/30	7/1	7/2	7/3
8	9	10	11	12	13	14
7/4	7/5	7/6	7/7	7/8	7/9	7/10
15	16	17	18	19	20	21
7/11	7/12	7/13	7/14	7/15	7/16	7/17
22	23	24	25	26	27	28
7/18	7/19	7/20	7/21	7/22	7/23	7/24

接下來 28 天，
每天持續更新自己的心理盤點清單 ....

13月 ☰ 宇宙烏龜之月
Cosmic Turtle Moon of Presence

1

週四

⊕ Dali　頂輪・目標

陽曆 2024/06/27 = 23/5　　陰曆 2024/05/22 = 17/8

Kin 2:

電力白狍

黃星星波符

Go with f↑aw　白色愛的銀河季節65天開始，去表達愛吧！

2

週五

⊜ Seli　海底輪・流動

陽曆 2024/06/28 = 24/6　　陰曆 2024/05/23 = 18/9

Kin 25

自我存在藍猴

黃星星波符

Go with f↑aw　找到具體的方法可以去執行，玩耍搞笑

3

週六

黃星星波符

〇 Gamma 眉心輪 · 平靜

陽曆 2024/06/29 = 25/7　　　陰曆 2024/05/24 = 19/10/1

Kin 252

超頻黃人

PSI

Go with *Flow* 　我可以展現行動力，替自己的決定負起責任

4

週日

黃星星波符

〇 Kali　　臍輪 · 建立

陽曆 2024/06/30 = 17/8　　　陰曆 2024/05/25 = 20/2

Kin 253

韻律紅天行者

PSI

Go with *Flow* 　與他人互動裡練習平等心，體驗新的學習

5
週一

Ⓥ Alpha　喉輪 · 釋放

陽曆 2024/07/01 = 16/7　　　陰曆 2024/05/26 = 21/3

Kin 2

共振白巫

黃星星波符

Go with flow〰　今天我是傳遞訊息的通道 · 透過豐盛意識完成物質顯化

6
週二

Ⓣ Limi　胃輪 · 淨化

陽曆 2024/07/02 = 17/8　　　陰曆 2024/05/27 = 22/4

Kin 2

銀河星系藍

黃星星波符

Go with flow〰　我能整合內在與外在 · 換位思考

7

週三

 Silio　心輪・發射

陽曆 2024/07/03 = 18/9　　陰曆 2024/05/28 = 23/5

Kin 256

太陽黃戰士

黃星星波符

PSI

Go with flow～　今天我能使命必達，能夠解決問題並面對問題真相

8

週四

 Dali　頂輪・目標

陽曆 2024/07/04 = 19/10/1　　陰曆 2024/05/29 = 24/6

Kin 257

行星紅地球

黃星星波符

PSI

Go with flow～　事情不能只有做完也要做好，郊遊踏青

13月 〰 宇宙烏龜之月
Cosmic Turtle Moon of Presence

9
週五

〰 Seli　海底輪 · 流動

陽曆 2024/07/05 = 20/2　　　陰曆 2024/05/30 = 16/7

黃星星波符

Kin 2

光譜白

Go with *flow* 〜　我願意放下緊抓與焦慮 · 抽心靈牌卡

10
週六

⊙ Gamma 眉心輪 · 平靜

陽曆 2024/07/06 = 21/3　　　陰曆 2024/06/01 = 15/6

黃星星波符

Kin 2

水晶藍風

Go with *flow* 〜　我願意在關係中貢獻我自己 · 把手邊的工作項目重新排列組合

232

11

週日

 Kali　臍輪・建立

陽曆 2024/07/07 = 22/4　　　陰曆 2024/06/02 = 16/7

黃星星波符

　Kin 260

宇宙黃太陽

PSI

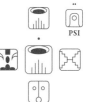

Go with flow　今天我能散發喜悅的特質，260天週期的結束，回顧一下自己這些日子的體

驗及成長

12

週一

 Alpha　喉輪・釋放

陽曆 2024/07/08 = 23/5　　　陰曆 2024/06/03 = 17/8

Kin 1

磁性紅龍

Wavespell
1

紅龍波符

Go with flow　新的週期要開始了，這260天的計畫是什麼呢？今天是錨定能量的絕佳時機

13
週二

◐ Limi　胃輪・淨化

陽曆 2024/07/09 = 24/6　　陰曆 2024/06/04 = 18/9

Ki
月亮白

紅龍波符

Go with flow〜　面對自己的挑戰與恐懼・美食一頓

14
週三

◑ Silio　心輪・發射

陽曆 2024/07/10 = 16/7　　陰曆 2024/06/05 = 19/10/1

Ki
電力藍

紅龍波符

Go with flow〜　我能活化內在的生命力・抽心靈牌卡與自我對話

15

週四

紅龍波符

⊕ Dali　頂輪 · 目標

陽曆 2024/07/11 = 17/8　　　陰曆 2024/06/06 = 20/2

Kin 4

自我存在黃種子

PSI

••••

Go with 〜　找到具體的方法可以去執行 · 多些耐心

16

週五

紅龍波符

〰 Seli　海底輪 · 流動

陽曆 2024/07/12 = 18/9　　　陰曆 2024/06/07 = 21/3

Kin 5

超頻紅蛇

PSI

Go with 〜　浮誇的自己今天嶄露頭角 · 連結生命力

235

17

週六

○ Gamma 眉心輪 · 平靜

陽曆 2024/07/13 = 19/10/1　　陰曆 2024/06/08 = 22/4

Kin

韻律白世界

紅龍波符

Go with 𝒻𝓁𝑜𝓌〜 與他人互動裡練習平等心 · 與內心連結並靜心

18

週日

⊕ Kali　臍輪 · 建立

陽曆 2024/07/14 = 20/2　　陰曆 2024/06/09 = 23/5

Kin

共振藍

紅龍波符

Go with 𝒻𝓁𝑜𝓌〜 今天我是傳遞訊息的通道 · 進行創作

19

週一

 Alpha　喉輪・釋放

陽曆 2024/07/15 = 21/3　　　陰曆 2024/06/10 = 15/6

Kin 8

銀河星系黃星星

PSI

紅龍波符

Go with 　我相信什麼就能活出這樣的具體展現・裝扮美麗

20

週二

 Limi　胃輪・淨化

陽曆 2024/07/16 = 22/4　　　陰曆 2024/06/11 = 16/7

Kin 9

太陽紅月

PSI

紅龍波符

Go with 　今天我的效率極佳・泡澡流汗

21

週三

⊘ Silio　心輪 · 發射

陽曆 2024/07/17 = 23/5　　　陰曆 2024/06/12 = 17/8

紅龍波符

Kin

行星白

Go with flow〜　事情不能只有做完也要做好 · 展現善行

22

週四

⊕ Dali　頂輪 · 目標

陽曆 2024/07/18 = 24/6　　　陰曆 2024/06/13 = 18/9

紅龍波符

Kin

光譜藍

Go with flow〜　我能放下我不需要的 · 自我滿足的快樂

23

週五

Seli　　海底輪・流動

陽曆 2024/07/19 = 25/7　　　陰曆 2024/06/14 = 19/10/1

Kin 12

水晶黃人

紅龍波符

Go with 𝒻𝓁𝑜𝓌　今天我能奉獻我自己給這個世界，自由自在

24

週六

Gamma 眉心輪・平靜

陽曆 2024/07/20 = 17/8　　　陰曆 2024/06/15 = 20/2

Kin 13

宇宙紅天行者

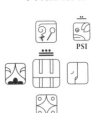

紅龍波符

Go with 𝒻𝓁𝑜𝓌　靜觀並信任宇宙會有安排，跑來跑去

25

週日

⊕ Kali　臍輪・建立

陽曆 2024/07/21 = 18/9　　陰曆 2024/06/16 = 21/3

Kin

磁性白巫

Wavespell
2

白巫師波符

Go with ℓ↓ℴw～　巫師波進入新年度的能量波符了，靜心許願節奏預備備

26

週一

⊗ Alpha　喉輪・釋放

陽曆 2024/07/22 = 19/10/1　　陰曆 2024/06/17 = 22/4

Kin

月亮藍

⧖
白巫師波符

Go with ℓ↓ℴw～　我能穩定自己・寫下新的未來計畫

27

週二

◐ Limi　　胃輪 · 淨化

陽曆 2024/07/23 = 20/2　　　陰曆 2024/06/18 = 23/5

PSI

Kin 16

電力黃戰士

白巫師波符

Go with ∫∿∿　我能把自己服務好就更能好好服務他人 · 勇敢發問

28

週三

◑ Silio　　心輪 · 發射

陽曆 2024/07/24 = 21/3　　　陰曆 2024/06/19 = 24/6

PSI

Kin 17

自我存在紅地球

白巫師波符

Go with ∫∿∿　今天適合吃蔬食 · 讓地球母親的愛帶來健康舒服的身體感受

週四

無時間日

陽曆 2024/07/25 = 22/4　　　陰曆 2024/06/20 = 16/7

Kin

超頻白

Go with f l o w ～　無時間日・時間就是藝術・感恩與回顧這一整年・好好謝謝宇宙的照顧

彩繪
靜心胡娜庫
Hunab Ku

時間旅行的
目標與夢想

請列出關於今年度的計畫,讓我們一起種下美好的種子,
一起綻放豐收成就吧!

今年度想做的事

[學習目標]	[事業與工作發展]	[服務與分享]
1.		
2.		
3.		

[健康與運動]	[大自然與旅行安排]	
		感謝宇宙與我 共同創造, 豐盛圓滿又開心地 體驗這一切。

13Moon
萬年曆

$$28 \times 13 + 1 = 365 \text{ 天}$$

7/25
無時間日

•			磁性蝙蝠之月			
1 7/26	2 7/27	3 7/28	4 7/29	5 7/30	6 7/31	7 8/1
8 8/2	9 8/3	10 8/4	11 8/5	12 8/6	13 8/7	14 8/8
15 8/9	16 8/10	17 8/11	18 8/12	19 8/13	20 8/14	21 8/15
22 8/16	23 8/17	24 8/18	25 8/19	26 8/20	27 8/21	28 8/22

••			月亮蠍子之月			
1 8/23	2 8/24	3 8/25	4 8/26	5 8/27	6 8/28	7 8/29
8 8/30	9 8/31	10 9/1	11 9/2	12 9/3	13 9/4	14 9/5
15 9/6	16 9/7	17 9/8	18 9/9	19 9/10	20 9/11	21 9/12
22 9/13	23 9/14	24 9/15	25 9/16	26 9/17	27 9/18	28 9/19

•••			電力鹿之月			
1 9/20	2 9/21	3 9/22	4 9/23	5 9/24	6 9/25	7 9/26
8 9/27	9 9/28	10 9/29	11 9/30	12 10/1	13 10/2	14 10/3
15 10/4	16 10/5	17 10/6	18 10/7	19 10/8	20 10/9	21 10/10
22 10/11	23 10/12	24 10/13	25 10/14	26 10/15	27 10/16	28 10/17

••••			自我存在貓頭鷹之月			
1 10/18	2 10/19	3 10/20	4 10/21	5 10/22	6 10/23	7 10/24
8 10/25	9 10/26	10 10/27	11 10/28	12 10/29	13 10/30	14 10/31
15 11/1	16 11/2	17 11/3	18 11/4	19 11/5	20 11/6	21 11/7
22 11/8	23 11/9	24 11/10	25 11/11	26 11/12	27 11/13	28 11/14

——			超頻孔雀之月			
1 11/15	2 11/16	3 11/17	4 11/18	5 11/19	6 11/20	7 11/21
8 11/22	9 11/23	10 11/24	11 11/25	12 11/26	13 11/27	14 11/28
15 11/29	16 11/30	17 12/1	18 12/2	19 12/3	20 12/4	21 12/5
22 12/6	23 12/7	24 12/8	25 12/9	26 12/10	27 12/11	28 12/12

— •			韻律
1 12/13	2 12/14	3 12/15	4 12/16	5 12/17
8 12/20	9 12/21	10 12/22	11 12/23	12 12/24
15 12/27	16 12/28	17 12/29	18 12/30	19 12/31
22 1/3	23 1/4	24 1/5	25 1/6	26 1/7

等離子 符號
發音
性質
對應脈輪
對應日期

		宇宙烏龜之月				
1	2	3	4	5	6	7
6/27	6/28	6/29	6/30	7/1	7/2	7/3
8	9	10	11	12	13	14
7/4	7/5	7/6	7/7	7/8	7/9	7/10
15	16	17	18	19	20	21
7/11	7/12	7/13	7/14	7/15	7/16	7/17
22	23	24	25	26	27	28
7/18	7/19	7/20	7/21	7/22	7/23	7/24

		水晶兔子之月				
1	2	3	4	5	6	7
5/30	5/31	6/1	6/2	6/3	6/4	6/5
8	9	10	11	12	13	14
6/6	6/7	6/8	6/9	6/10	6/11	6/12
15	16	17	18	19	20	21
6/13	6/14	6/15	6/16	6/17	6/18	6/19
22	23	24	25	26	27	28
6/20	6/21	6/22	6/23	6/24	6/25	6/26

		光譜蛇之月				
1	2	3	4	5	6	7
5/2	5/3	5/4	5/5	5/6	5/7	5/8
8	9	10	11	12	13	14
5/9	5/10	5/11	5/12	5/13	5/14	5/15
15	16	17	18	19	20	21
5/16	5/17	5/18	5/19	5/20	5/21	5/22
22	23	24	25	26	27	28
5/23	5/24	5/25	5/26	5/27	5/28	5/29

GAMMA	KALI	ALPHA	LIMI	SILIO
平靜	建立	釋放	淨化	發射
眉心輪	臍輪	喉輪	胃輪	心輪
3	4	5	6	7
10	11	12	13	14
17	18	19	20	21
24	25	26	27	28

		行星狗之月				
1	2	3	4	5	6	7
4/4	4/5	4/6	4/7	4/8	4/9	4/10
8	9	10	11	12	13	14
4/11	4/12	4/13	4/14	4/15	4/16	4/17
15	16	17	18	19	20	21
4/18	4/19	4/20	4/21	4/22	4/23	4/24
22	23	24	25	26	27	28
4/25	4/26	4/27	4/28	4/29	4/30	5/1

		共振猴子之月				
		3	4	5	6	7
1	1/12	1/13	1/14	1/15	1/16	
		10	11	12	13	14
8	1/19	1/20	1/21	1/22	1/23	
		17	18	19	20	21
5	1/26	1/27	1/28	1/29	1/30	
		24	25	26	27	28
8	2/2	2/3	2/4	2/5	2/6	

		銀河星系鷹之月				
1	2	3	4	5	6	7
2/7	2/8	2/9	2/10	2/11	2/12	2/13
8	9	10	11	12	13	14
2/14	2/15	2/16	2/17	2/18	2/19	2/20
15	16	17	18	19	20	21
2/21	2/22	2/23	2/24	2/25	2/26	2/27
22	23	24	25	26	27	28
2/28	3/1	3/2	3/3	3/4	3/5	3/6

		太陽豹之月				
1	2	3	4	5	6	7
3/7	3/8	3/9	3/10	3/11	3/12	3/13
8	9	10	11	12	13	14
3/14	3/15	3/16	3/17	3/18	3/19	3/20
15	16	17	18	19	20	21
3/21	3/22	3/23	3/24	3/25	3/26	3/27
22	23	24	25	26	27	28
3/28	3/29	3/30	3/31	4/1	4/2	4/3

＊ 西元 2/29 的日期，跟 3/1 同一天。

Time is Art
時間
就是藝術

時間律則：從人工時間到自然的時間法則

我們藉由 13 月亮曆法的學習，將 12：60 的（人工的時間）頻率轉換到 13：20（自然的時間）。

藉由改變時間的使用方式，我們能：

1. 有意識地提昇頻率，開始觀察到生活中「共時」事件的種種發生。

2. 觀察每天的星系印記，開啓與第四次元心電感應連結，我們運用這樣的能量校準方式，讓我們的能量與宇宙對頻，當日可以好好斷捨離、親近大自然等，都給予直接參照的訊息。

3. 透過印記，認識自己與他人的天賦，活出本然的樣貌，替我們的心智開啓嶄新潛力，完成生命真正的蛻變，讓生命更寬廣。

4. 將生理頻率／身體小宇宙的健康照顧，與自然法則／大宇宙同步運作，感受順應的節奏。尤其是女性 28 天的生理週期，對應月亮 28 天的循環週期，同步順調校準與天地同頻共振。

5. 當你開始學習 13 月亮曆法，便開始回歸自然的時間法則（相對於 2012 年之前的舊時代機械法則 12：60），你會認回生命原初的力量、認識自己的宇宙本質。這樣的方式，就是開始給予地球母親最大的愛，也是給自己最大的支持；同時，你會開始認識身邊每個人的真實力量，這也是給予他人支持的一種方式，因為你將以全新的觀點來回應自己與他人。

五大神諭力量：
星系印記
Galactic Signature

天的星系印記，總共有五個圖騰與調性，放在
個不同位置，各自代表了不同的含意：

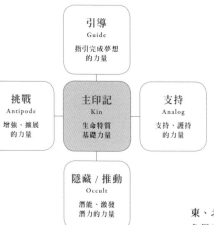

東、北、西、南四個方位的圖騰與調性，
象徵了不同的時間區段：

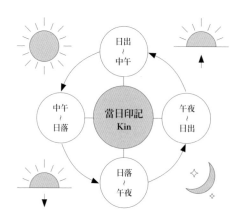

心的覺知
超頻
白色巫師

宇宙帶領我們擴大心識能場之振動頻率

一起綻放內心無限愛之力量

跟著 13 月亮曆法過生活

時間成了藝術的語言

空間成了宇宙虛空的架構

在跨越時空的隔閡裡

我們搭起彩虹橋

在光中相遇且認出彼此

我們是星際家人

從對方身上找到自己的印記

在自己身上認出對方也擁有的靈魂品質

IN LAK'ECH

我是另外一個你

你是另外一個我

星際馬雅家人們的時空任務，透過將 13 月亮曆法實踐在地球上，與整個銀河系同頻校準，把和平旗的精神「靈性、藝術、科學」帶到世界上每一個需要的地方。協助每一個靈魂認出自己的天賦潛能，並且能善用、掌握這份力量，提昇意識維度，打開各種新的可能性。

共時的星際曆法 13MOON（13 月亮曆法），我們從 2013 年 7/26（銀河黃種子）開始已完成了最初的「七年任務」，後續跟著接上喚醒「九個時間維度」週期。現在是第四時間維度 /2023-2024：NS1.36 超頻白巫師年 Kin174。

此刻，回看我們走過的路，是星際任務進入第 11 個年頭了呀！這 11 年來，不只開啓了我們全新的世界，以新的角度觀看自己與生活，更有衆多星際馬雅家人一同跟上這波地球升維的任務，把更高次元的意識帶入生活中，開始擴展這一圈又一圈的振動漣漪！尤其今年，走到了「超頻年」更是宇宙帶領著我們擴大心識能場的振動頻率，一起綻放內心無限愛之力量吧！

七年任務

從 2013 年 7/26（銀河黃種子）這一年開始，到磁性白巫師年結束於 2020 年 7/25，有七年任務之說：

第一年 / 2013-2014：NS1.26 銀河黃種子年 Kin164

第二年 / 2014-2015：NS1.27 太陽紅月年 Kin9

第三年 / 2015-2016：NS1.28 行星白巫師年 Kin114

第四年 / 2016-2017：NS1.29 光譜藍風暴年 Kin219

第五年 / 2017-2018：NS1.30 水晶黃種子年 Kin64

第六年 / 2018-2019：NS1.31 宇宙紅月年 Kin169

第七年 / 2019-2020：NS1.32 磁性白巫師年 Kin14

九個時間維度

接續著七年任務，從 2020 年 7/26（月亮藍風暴）這一年開始，到行星藍風暴年結束於 2029 年 7/25，是喚醒九個時間維度的週期。（資料來源：時間法則 / 紅皇后：lawoftime.org）

第一時間維度 / 2020-2021：NS1.33 月亮藍風暴年 Kin119

第二時間維度 / 2021-2022：NS1.34 電力黃種子年 Kin224

今年最能發揮我們內在渴望付出的特質，因著生命的豐盛，獲得滿滿的豐收，更懂得如何給予。收穫如此多的豐盛與智慧，讓我們更有能力給予。

白狗波符，就是愛的波符，忠誠於心、良善、慈悲的愛之守護者。

原來，今年帶領我們一直往前的，就是那份對世界的愛呀！並向新的可能性打開、開啓各種感動的連結！而我們的生命也在提昇維度的進展中全速前進。最終迎向宇宙白風，清晰且眞實的傳遞與表達，身心靈整體健康之終極道路「就是愛」的生命狀態！

地球巫師的回家之路，就是心回家的路。

帶上自己的心回到愛，就能讓愛與真實往同一個方向前進！

當「心能夠安頓了」，就是回家！

領我們回家的，是那一份帶著覺知的心。

照亮我們回家道路的，是宇宙給的天賦力量。

活出自己、綻放天賦光芒，就是領受恩典與愛。

生命腳本的靈魂之約，早已選定好我們此生要行走的道路。

我們生命的目的、我們的天賦才華、如何克服挑戰，

這些都已印記在我們身上。

於是，我們的小靈魂帶著這條光的道路，

及宇宙為我們打包好的整組配備，降生在地球。

伴隨著成長的過程，所有的體驗與發生，都是一個觸發，是一個看見的機會，為的是～等待我們去認出早就已經蘊藏在我們身上的禮物、活出獨一無二的生命本質，並且走上屬於自己的道路。

星際馬雅 13 月亮曆法，掌握了生命的密碼，
攜帶著生命的課題、天賦才華、以及生命開展的機會，
及我們能為這個世界服務的方向與創造方式。

把生活好好過好來，就能過上好生活。
願我們都能享受，在每一個呼吸裡，在每一個時空裡，
宇宙給我們的愛！

我與地球合而為一；

地球與我同一心智、

同一心識、

同一頻率。

超頻
白巫師年

Kin 174：WHITE OVERTONE WIZARD

I empower in order to enchant

Commanding receptivity

I seal the output of timelessness

With the overtone tone of radiance

I am guided by the power of spirit

第 174 段馬雅文書祈禱文

我因魔法而被授予力量

我能自由運用我的接受力

我決定讓永恆發生

隨著炫光般的超頻音頻

我被靈性的力量所引導

13：28
週期 / 循環序 Cyclic Order

年度宇宙座標 NS1.36：新天狼星（New Sirius）的第一個週期第 36 年。

#曆法小教室

每年西元 7 月 26 日是馬雅新年第一天，意味著：這天的印記頻率，錨定了一整年的力量。

因此，西元 2023.07.26 的當日印記象徵了今年 13 月亮曆整年的力量，定調了整年度的宇宙頻率。

- 整年度 NS1.36 涵蓋日期區間：2023.07.26 ～ 2024.07.25 無時間日
- 13：代表了一年之中共有 13 個月亮（對應 13 個調性音頻與關鍵）象徵了行星服務的 13 個月。
- 28：代表了每個月亮有 28 天，亦即月亮繞行地球一圈的天數。有紅白藍黃四週，對應七個等離子並激活不同脈輪（4 週 ×7 天 =28 天）。
- 13 月 ×28 天 =364 天，加上西元 7/25 無時間日，就是 365 天。

13：20

共時序 Synchronic Order

#曆法小教室

- 13：象徵了一共有 13 個銀河音階，又稱「調性」，代表數字頻率。
- 20：象徵了一共有 20 個太陽圖騰，簡稱「圖騰」，代表印記原型。

年度解析

1. 年度主印記 /
Kin174 超頻白巫師（白狗波符）

我們的思想和情感可以在宇宙中產生強大的能量波動，這就是頻率。這些頻率可以對周圍的環境和人產生積極或負面的影響。因此，我們需要時刻保持白巫師教導的「心向內覺察」，以超頻綻放內在愛的力量，並用這股力量去愛自己和他人，這也是白巫師心想事成的魔法關鍵所在。

心向內覺察，非往外求取，是指在日常生活中保持對自己內心的觀察和了解、觀照自己的念頭與內在感受。這種內省可以讓我們更清楚地了解自己的情感和想法，目的是保持並強化「與自己的連結」，並學會如何用心中的力量與自己和諧相處。當我們保持著內心的平靜和愛，我們不只能抵抗周圍的負面能量與情緒影響，更能帶起正向力量，並將這種愛的高頻傳遞給他人，陪伴他人度過生活中的困難和挑戰。

你們是否曾經感受過那股來自內心深處的力量？是的，就是愛！愛是宇宙最神奇的力量，也是唯一的答案。白巫師心想事成的魔法，其實就是透過心中的力量去實現自己的目標和顯化夢想。這種魔法是通過對自己和他人的愛而產生的。當我們保持著愛的心態，我們就能夠讓自己更容易地進入白巫師的心流狀態「當下、永恆、無時間」，這種狀態可以幫助我們更好地往內思考和向外行動。此外，愛也可以讓我們更有耐心和信心，這樣才能夠在實現夢想的過程中保持著動力和綻放力量。

心向內覺察、綻放內在愛的力量、愛自己與愛他人是我們在宇宙中活動的基石。

2. 年度完美支持 /
Kin5 超頻紅蛇（紅龍波符）

◇◇◇◇◇◇◇◇◇◇◇◇◇◇◇◇◇◇◇◇◇◇◇◇◇◇◇◇◇◇◇◇◇◇◇

這個年度的完美支持為 Kin5 超頻紅蛇，家庭源頭的紅龍波符。這代表著我們在家庭和關係中可以找到支持和力量。家庭是一個源頭，是生命的起點，也是我們成長的一部分。紅龍波符的能量能夠幫助我們在家庭和關係中找到平衡，並且讓我們得到必要的支持和幫助。

3. 年度完美擴展 /
Kin44 超頻黃種子（黃太陽波符）

◇◇◇◇◇◇◇◇◇◇◇◇◇◇◇◇◇◇◇◇◇◇◇◇◇◇◇◇◇◇◇◇◇◇◇

這個年度的完美擴展為 Kin44 超頻黃種子，開悟覺醒的黃太陽波符。這代表著我們在這個年度可以達到更高層次的覺醒和成長。透過內在的轉化和靈性的成長，我們能夠打開自己的潛力和能量，並且更加地清晰地看到自己和周遭的世界。

4. 年度完美隱藏推動 /
Kin87 太陽藍手（藍風暴波符）· 國王石棺旁 13 個清晰印記

這個年度的完美隱藏推動為 Kin87 太陽藍手，實踐與創造的力量，改變催化成長的藍風暴波符。這代表著我們需要改變與前進，但這成長需要經過催化劑的作用，甚至打掉重練。這個波符的能量能夠幫助我們在成長的路程中找到方向和力量，並且克服一切困難和挑戰。

5. 年度引導的力量 /
Kin122 超頻白風（白鏡波符）· 中柱

這個年度的引導力量為 Kin122 超頻白風，說出自己的真實，接納自己的白鏡波符。這代表著我們需要接納自己和周遭的世界，並且更加清晰地看待自己的內在和外在。這個波符的能量能夠幫助我們接納自己和他人，把意識焦點從「外在投射」轉回「內在觀照」。

6. 年度內在女神力量 G-f /
Kin172 電力黃人（白狗波符）

Kin172 電力黃人是內在女神力量 G-f。黃人是自由力量的代表，讓我們意識到自己內在的力量和自我價值，並激發我們向內開始探索自我。自由，奠基在「我願意」的本質，當自己有自由的空間給出服務時，才是最好的品質，如此給自己或他人的服務，都是一種活出生命自由的展現。

此外，Kin172 電力黃人的白狗波符象徵著愛。這個符號提醒我們，愛是內在力量的源泉。當我們學會愛自己時，我們才能真正地愛他人。這個符號也表明，這一年度充滿了愛和關懷。作為年度內在女神力量G-f，這個符號鼓勵我們去探索自己的內在，接納自己的情感和感受，並學會用愛去看待自己。當我們將愛和關懷帶入自己的生活中，我們就能夠更加真實地體驗自己的力量和價值。

在這個新年度中，讓我們以 Kin172 電力黃人和白狗波符的力量作為全方位五合一的象徵，將自我探索、自我價值、自由意志和自我關懷作為我們的重點，並在生活中散發愛的力量。

【兩條不同時間維度之波符】
・年度生命道路：**白狗波符**：Kin170 磁性白狗～ Kin182 宇宙白風
・行星資料庫 PSI 守護力量：**藍風暴波符**：Kin79 磁性藍風暴～ Kin91
宇宙藍猴

今年共時之波符

第四時間維度 PSI 之波符，共時了與完美隱藏推動的波符相同（都是**帶來催化改變的藍風暴波**），也意味著這條波符在今年所帶來的推動力量與看見內在隱藏的功課，是特別重要。

整年度的
五大神諭力量／星系印記
Galactic Signature

---

1. 年度 主印記

Kin174
超頻白巫師（白狗波符）

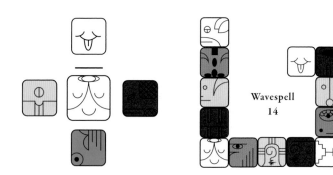

Wavespell
14

【主印記圖騰】白巫師

White Wizard

— Being timelessly receptive of intuitive knowledge.

我就是巫師 Wizard，14 是我的數字，白色巫師是我的圖騰。停止所有的時間、暫停所有的念頭，跟隨我的心進入無時間的永恆，施展並顯化魔法，因為我的心就是宇宙，超越時間侷限，精通時空的位移，進行星際溝通與時間旅行的藝術，就是那巫師的神諭。

白巫師的關鍵：透過內在的力量，顯化生活中一切的可能。

能力關鍵字

- **施展魔法 Enchants**：展現施展魔法的行動。靜心祈禱、真心祈願或做儀式，觀想願望成真的畫面。

- **接收 Receptivity**：接收來自內在感知的資訊。看進自己的心，以內在心靈意識接收一切的答案。

- **永恆／無時間 Timelessness**：超越時間進入永恆與當下。沒有時間的限制，能接收並施展來自未來的魔法。

圖騰是白色

代表特別能把複雜的事情
簡化，尤其擁有淨化人心
的力量。

年度力量動物

超頻孔雀

主印記調性

—— 超頻 Overtone

我要如何賦予自己最佳力量？
How can I best empower myself?

#試著想想：如何在今年度放射內在的光芒。

#試著找找：跟「孔雀」有關的象徵物或圖畫來做佈置，孔雀圖案與羽
毛穿搭配件。

聯想關鍵

調性五 / 超頻 Overtone

【我該如何賦予自己最佳力量？】How can I best empower myself？

超頻的力量動物是孔雀，擁有放射、發光的特質，所以又被稱作最佳力量。

今年的超頻調性，讓我們像孔雀開屏一樣，華麗而且光芒四射，把自己的力量向外發展、向外綻放。如果能夠做到，不僅能發現自己的力量變強大，同時也能鼓舞身邊的人、事、物，讓活力激發更多活力，光芒引動更多光芒，快樂帶來更多快樂。最大的力量由此而生。

如果你主印記剛好是超頻調性，跟宇宙頻率完美對準，請發揮孔雀的特質，讓自己彷彿登台作秀般光芒萬丈，不要在躲在人群的背後，試看看讓自己的力量有機會展現放射出來。

- **力量動物** / 孔雀 Peacock
- **課題** / 我該如何讓自己擁有最大的力量？我的最佳力量是什麼？
- **學習** / 我能活得像孔雀開屏般光彩奪目，我能自在地展現自己的光芒、綻放力量，讓力量從中心點往外擴展。
- **調性** / 動態、放大、擴大、雀躍、力量、正面積極、向外、賦予力量。

年度彩油瓶

一、銀河常數 Kin174 編碼的平衡油

對應平衡油的編號，可以拆解成 B17 跟 B4 這兩瓶。

B **17**

抒情詩人 / 希望 / 塔羅星星牌
顏色：綠色 / 紫色

主題：我探求並尋找眞理

· 幫助平衡身心靈的能量，幫助人們在內在的和諧狀態中療癒自己。

· 促進與內在智慧的連接，幫助人們找到自己的方向和目標。

· 支持和平、愛和同情心的發展，幫助人們增加對他人的關注和關愛。

B **4**

太陽瓶 / 塔羅國王牌
顏色：黃色 / 金色

主題：打開進入內在知識和內在智慧的門

· 促進個人成長和自我實現，幫助人們發現自己的才能和潛力。

· 幫助人們在身心靈上保持平衡，增加活力和動力。

· 促進與自己和他人的連接，幫助人們建立積極的人際關係和社會關係。

二、數字總和

數字能量的總和 17+4=21，以 B21 為代表。

B 21

新開始的愛 / 塔羅世界牌
顏色：綠色 / 粉紅色

主題：對愛有成熟的覺知與高度，嶄新的開始

· 幫助釋放心靈和身體的壓力，促進身心
  靈的平衡和和諧。

· 支持個人內在的成長和覺醒，增強自我
  覺知和自我發現的能力。

· 幫助人們連接宇宙和大自然的力量，提
  升人們對自然和宇宙的感知和理解。

補充：也可以拆成另一種組合：

 B 1 　 **＋** 　 **B 74** 　 **＝** 　 **B 75**

身體解救瓶　　　　　　勝利瓶　　　　　　順著流走

Analog

2. 年度
完美支持

◇◇◇◇◇◇◇◇◇◇◇◇◇◇◇◇◇◇◇◇◇◇◇◇◇◇◇◇◇◇

Kin5

超頻紅蛇（紅龍波符）

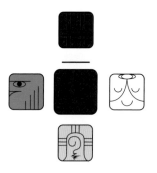

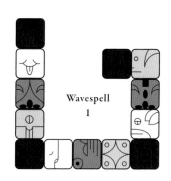

Wavespell 1

白巫師與紅蛇互為支持

紅蛇是白巫師的加分力量，能協助白巫師看見內在必須蛻變的部分，把那些陳舊的意識釋放掉，讓紅蛇協助白巫師能蛻變，增強生命力。透過往內心的覺察，去看清楚哪一些是「不再能支持我們、不再適合此刻生命」的想法，統統都蛻皮去掉。

以「身體」來綻放力量，透過身體的鍛鍊，以及身體健康的各種飲食調整。若是身體失去健康，也意味著無法展現生命力量，生存的議題馬上受到威脅。

當身體有能量，就更有力量去回應生活，更激發出最原本的熱情。

活出你的熱情、綻放你的性感與活力！不害羞展現自己的肢體語言！

紅龍波符的超頻紅蛇，特別與生命源頭、家族議題連結，清理業力並轉化成生命原動力。

年度完美支持的印記，代表了我們今年在生活中能夠「加分」的力量，也說明了「多做什麼事情，便能夠更支持自己」，當我們多去做「超頻紅蛇」給我們的關鍵力量與活動時，會帶來更多轉化、改變的動力。支持的力量，就像是在身旁護持著你，是來幫你的主印記加分的，並為生活添加更多生命的能量。

Guide

3. 年度引導的力量

◇◇◇◇◇◇◇◇◇◇◇◇◇◇◇◇◇◇◇◇◇◇◇◇◇◇◇◇◇◇◇◇◇

Kin122
超頻白風（白鏡波符）

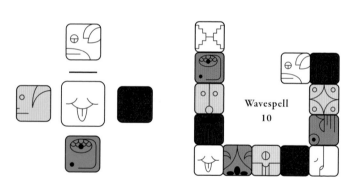

Wavespell
10

橫線家族 ——

引導是白風，透過與他人說話與溝通的過程，獲得指引的訊息。也適合擔任心靈相關內容的傳遞分享，成爲講者或教學者，協助白巫師壯大邁向夢想的力量。

白鏡波符的超頻白風，把「愛的眞相」帶到世界上，活出愛的本質。

這是宇宙中最直捷的道路，需要看清楚：「所有的一切都是自己的投射，投射出愛！說出愛、表達出愛！」

說話、溝通與表達，是你最能發揮的最大力量。

你的語言力道非常強勁，就像孔雀開屏般地綻放，往四面八方炸開的威力，不容小覷。語言的傳遞，包含了文字與聲音，這是你與世界溝通的媒介。你以什麼樣的方式與自己溝通，你就會以那樣的方式與世界對話。請善用你的語言，傳遞眞正你想傳遞的心靈力量。

位於組合上方的引導位置，是指引我們實踐夢想的力量。

這個指引可以想像成是「高我」。這個指引是站在比較高的位置來引導我們一整年的。此力量將會是協助、指引我們完成人生夢想的關鍵。當我們今年有需要指引的時候，就可以同樣多運用這個圖騰印記的特質、讓我們的觀看視角能創造出新的高度，彷彿指引你一個更清晰的方向、告訴你可以怎麼做，當你發揮上述「超頻白風」特質時，更能完成想要的目標。

 Antipode

4. 年度
完美擴展

◇◇◇◇◇◇◇◇◇◇◇◇◇◇◇◇◇◇◇◇◇◇◇◇◇◇◇

Kin44

超頻黃種子（黃太陽波符）

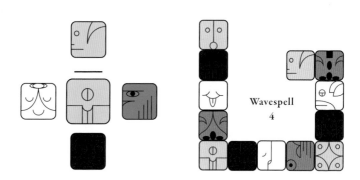

Wavespell
4

白巫師與黃種子互爲挑戰

黃種子能幫助白巫師擴展能量，挑戰不熟悉的自己。協助白巫師閉起眼睛，透過心思意念創造並顯化魔法時，更能清楚目標，看見內在無限的潛能，耐心等待開花結果的到來。

太陽波符的超頻黃種子，溫暖的善念、慈悲與愛的力量，終能照亮自己與他人的生命。
只要你說過想要做的事情，彷彿就在宇宙中種下一個種子意念。
宇宙就會幫你綻放最大的力量，讓種子開花。
善用你的意念，珍惜你想要替世界服務的良善之心。
以耐心澆灌你的種子，某一天終將收穫。

年度完美挑戰擴展，指的是今年可以協助我們擴展、打開力量、開展那個原本侷限的自己，也是協助我們讓自己增強的關鍵頻率。當我們多活出上述「超頻黃種子」的力量時，我們就更能用無條件的愛來「擁抱」這些挑戰，讓挑戰能成爲擴展，蛻變與前進的能量就更能爲我們服務。

Occult

5. 年度
完美隱藏推動

◇◇◇◇◇◇◇◇◇◇◇◇◇◇◇◇◇◇◇◇◇◇◇◇◇◇◇◇

Kin87

太陽藍手（藍風暴波符）

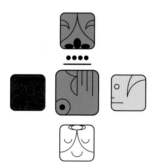

Wavespell
7

白巫師與藍手互爲隱藏推動

藍手是白巫師的隱藏力量。藍手的能量是親自動手做,透過料理、編織、釀魔法油等手作,連接魔法的力量,把內在的意念實踐出來,而非空想。同時,把白巫師內在觀想的畫面,透過具體的行動執行力、落地完成,讓宇宙的能量和宇宙的頻率加乘。

藍風暴波符的太陽藍手,只要一動作,一執行,就會帶起轉化改變的超強力量!

這是一個完成度極高的能量點,關鍵是「眞的去做」!

把意念聚焦在「事情完成時的畫面」,透過親自執行並「實現它」。

觀想一下,這件事情你想要什麼?你想要讓什麼發生呢?想像眞的發生,並且一步步地往前推進,讓自己在實際行動中快速達標。

動起來、做了就知道!往前進,做了就完成!

年度完美的隱藏推動,位於組合下方,就好像是我們的潛意識,屬於比較內在、隱藏版的力量,也是今年度等待被我們開發的潛能唷!當我們能夠去活用上述「太陽藍手」的力量時,它就會形成一股向上的推動力,協助我們不僅認回自己,同時認出並實踐人生中更遠大的夢想,也可以把自己隱藏的潛能再次挖掘出來。它就像是火箭的燃料,推動我們的主印記,朝向夢想之地(也就是引導的位置)!

6. 年度
內在女神力量 G-f

Kin172
電力黃人（白狗波符）

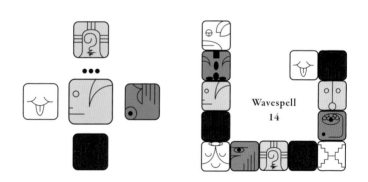

Wavespell
14

電力的問句：生命的品質。靈魂內在想要服務的品質是什麼？

來自白狗波符的電力黃人，你生命的發電廠來自「個人的主體性」。

最能給出的服務，就是「自由的品質」。

愛，是來自於就是單純的愛，相當尊重每個人的自由意願。

這包括了自己與他人，因此你從來不控制或強迫他人應該要如何。

個人的主體性，會從內在陰性力量去感受自己要或不要，也會思考自己可以如何透過感受去採取行動，替自己的生命做出決定，這些你都予以尊重。聆聽對方的意見，各自表達自己的想法，這是你所能傳遞的好品質。

把今年度的星系印記五合一加總起來，就成了「內在女神力量」Goddess-force（簡稱 G-f）。

而最能協助我們展現內在女神力的關鍵，就是自己「讓愛自由」。那個內在陰性力量，就是女神力量，當你對愛與自由的理解能有新高度，心的頻率就越高，越能展現內在女神力量。

連結內在女神力量，這是拿回陰性力量的主導權。因此，找到並連結內在女神力量的印記，也就是我們內在覺醒最重要的練習。

今年度的女神力量，是「電力黃人」，代表了當我們活出年度整組星系印記全部的能量，也就是啟動了這個五合一的能量時，我們將會成為圓滿的女神頻率。

年度白狗波符

Kin170～Kin182 愛的波符：
慈悲的愛之守護者

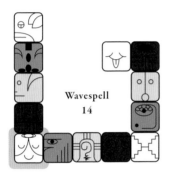

Wavespell 14

白狗波符

白狗波符的關鍵密碼

白狗波符，落在黃色南方給予城堡，掌管：愛的行動、忠誠的本質、心的力量。

整年度最重要的生命的方向：靈魂帶領我們從「愛與慈悲」的立足點出發，是我們前進的目標與關鍵。更可以說是整年度地球上所有人類的使命和任務、最重要的起始點。

白狗波，把我們所有人的愛、慈悲、忠誠、以及最良善的心，帶到這個世界，並把這些品質活出來。不必自我欺騙、不必因為面子問題而不去承認內在最真實的感受。

每個人本身就是一個愛的存在、愛的磁力吸鐵。你設定了此生要學會

「愛」這件事，安排了在生命的課題與學習中經歷著愛的擴展與覺知，同時也讓你更懂得了什麼是愛的智慧。

愛與慈悲，從自己本身出發，把自己的內在品質充滿、感受與心照顧好、愛與慈悲力量活出來，能觸及你所在的環境裡的每個靈魂、礦物、植物、動物、人類及所有萬物，讓愛擴展、以愛去對話跟溝通、讓愛的力量自動發散並給予。

Dog 狗＝ God 神，愛與慈悲，鏡照的排列，就是陰性內在愛的神性力量。

宇宙綠格：銀河啓動之門 GAP

今年的波符裡有兩個綠格子：Kin173 自我存在紅天行者、Kin176 共振黃戰士

#曆法小教室

卓爾金曆裡頭一共有 52 個綠色格子，遇到綠格子時，代表了宇宙能量開啓，銀河門戶（GAP，又稱銀河啓動之門）打開的日子，也就是綠格子那一天，會有來自 Hunab Ku 釋放出三倍的能量。從宇宙源頭 Hunab Ku 釋放出電波，整個銀河系和地球的網格閘門會完全敞開，讓我們能夠直接收到精準的宇宙頻率。

身體全息圖

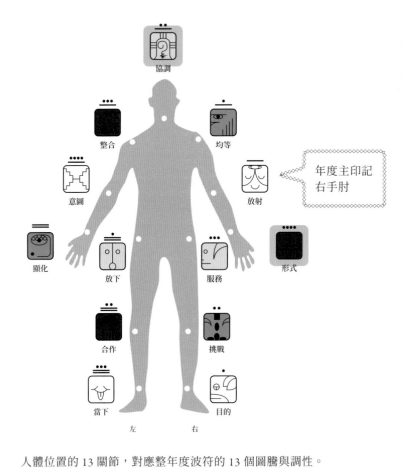

年度主印記
右手肘

協調
整合
均等
意圖
放射
顯化
放下
服務
形式
合作
挑戰
當下
目的
左　　右

人體位置的 13 關節，對應整年度波符的 13 個圖騰與調性。

身體大智慧，每個調性代表了「靈魂的提問」，圖騰代表了「答案與解藥」。

我的目的是什麼？
What is my purpose?

磁性白狗
Kin170

課題	我今年的目的是什麼？ 我想吸引什麼？
智慧小語	我願意以心交心、以我忠誠的心來回應自己內在感受，並真實表達且回應每個當下。
日常調頻	愛自己，是一個終極的選擇。在任何時刻，都選擇對自己忠誠，不背棄自己心的選擇。依循內在真實感受採取行動。
幸運指引	我就是愛的源頭。愛是強大力量的關鍵，帶著愛的眼光面對任何事物，以散發愛的特質去採取行動。

我的挑戰是什麼？
What is my challenge?

 月亮藍猴
Kin171

課題	我今年的挑戰是什麼？ 什麼挑起了我的恐懼與害怕？
智慧小語	我跟頭腦玩遊戲，能認出腦袋裡自我欺騙的假象，以幽默的態度，帶領我看穿一切。
日常調頻	一邊玩耍一邊創造，顯化的魔法就是玩起來！
幸運指引	以遊戲的態度來面對內在的恐懼，無論遇到什麼挑戰或考驗、甚至覺得自己被頭腦耍了。以幽默感來因應事物，讓自己越是好玩有趣、越能釋放焦慮與緊繃，帶著歡笑穿越幻象，進入真實之中！

我要如何給予最好的服務？
How can I best serve?

電力黃人
Kin172

課題	我今年最佳的服務品質是什麼？
智慧小語	我是自由的，願意放下不自由的想法，放下自我設限的框架，把主導權拿回來。
日常調頻	想像那些「想做，但認爲不可能」的事眞的發生，激發各種可能性的潛能。
幸運指引	看見"自由意志"就是我的品質，我擁有選擇權，我能自由地做出決定，並替自己的決定負起責任。

我要用什麼方式服務？
What is the form my service will take?

自我存在紅天行者
Kin173
（銀河啟動之門 GAP）

課題	我今年想以什麼方式來服務自己與他人？
智慧小語	我能在移動中保持穩定，內在的好奇與體驗就在探索中展開，並在不同空間中學習新事物。
日常調頻	享受靜心，任何地方都是我的行動辦公室，到處都有我能探索的可能性所在。
幸運指引	帶著好奇的心，跨越限制與制約，讓自己穿梭在靜心的時空中、獲得覺醒的力量。

我要如何賦予自己最佳力量？
How can I best empower myself？

超頻白巫師

Kin174

（年度主印記）

＊這是波符轉彎的位置，
也是特別重要的力量發揮之處。

課題	今年我讓自己擁有最大的力量的方法是什麼？
智慧小語	我能帶著覺知回到內在，內心有我一切的答案，回到心、就能回到當下。
日常調頻	在生活中練習起心動念的觀察，看看宇宙會如何回應你的意念，讓巫師魔法的心想事成成為你的超能力。
幸運指引	跳脫時間限制，當下卽是永恆，連結心中的渴望、便能完成你想要的目標。

我要如何將平等向外擴展？
How can I extend my equality to others?

韻律藍鷹
Kin175

課題	今年我如何在人際互動中對他人有平等心？ 我如何讓自己身心靈平衡？
智慧小語	我願意把觀看的視角拉高，我能理解他人的立場，我能落地執行我想要的目標。
日常調頻	與他人討論分享觀察的角度，能夠換位思考，從不同角度來想事情。
幸運指引	賦與事物新的洞見，新的視野與觀點，在互動關係中找到平衡！

我要如何使我的服務與他人協調？
How can I attune my service to others?

 共振黃戰士
Kin176
（銀河啓動之門 GAP）

課題	今年我如何調整自己可以更好地服務他人？ 我如何歸於中心？
智慧小語	我願意勇敢一點，嘗試新的事，讓自己鍛鍊面對 恐懼的勇氣。
日常調頻	做些沒有做過的事情、勇敢提問，開啓新的智慧。
幸運指引	找出內在的智慧，獲得解決問題的方式，活出彩虹 戰士的核心力量。愛的本質是勇敢，這是最能把自 己帶回核心的方式。

我是否活出自己的信念？
Do I live what I believe?

銀河紅地球
Kin177

課題	今年我如何依據內在的相信來生活？ 讓自己做好「整合」的方法是什麼？
智慧小語	生活中我能認出共時的事件，這是地球在提醒我 要順流與臣服，生命自然導航往對的方向前進。
日常調頻	透過旅行、接觸綠地與公園、擁抱大樹、吃天然 食物，讓自己身心穩定又健康。
幸運指引	我們與地球共同合作，順應自然法則，守護珍惜我 們寶貴的地球，我們的家園。

我該如何完成我的目的？
How do I attain my purpose?

太陽白鏡

Kin178

＊這是波符轉彎的位置，
也是特別重要的力量發揮之處。

課題	我今年的意圖是什麼？ 我如何才能實現人生目的？
智慧小語	今年我要看清楚，清晰的看見生活中的人事物都是自己內在的一部分，並接納這一切。
日常調頻	寫下生活觀察，把相遇的人、發生的事、都當成自己的鏡子來做練習，看看自己投射出些什麼。不亂投射自己的恐懼跟害怕，回到內在明辨真假，就更能看清楚一切是如何被創造的。
幸運指引	看見真實，就能看見愛。能接納自己到什麼程度，也是彰顯了對自己愛的理解。

我該如何完美顯化？
How do I perfect what I do?

 行星藍風暴
Kin179

課題	今年我如何才能更完美地完成我所做的事情？ 我要顯化什麼在這世間呢？
智慧小語	今年我能透過改變自己、提昇成長速度，我也能給予來到我面前的人一股改變的推動力。
日常調頻	讓自己在生活中時常進行「斷、捨、離」的大清理，捨棄不需要的就更能成長前進。
幸運指引	我能順勢改變，依循內在渴望與生命動力，完美顯化我想要的。

我該如何釋放與放下？
How do I release and let go?

 光譜黃太陽

Kin180

課題	今年我如何才能釋放出潛能？ 及如何放下那些我不需要的？
智慧小語	今年我願意從實際生活事件中帶起自我覺察，在經驗中獲得領悟成長。
日常調頻	靜心時想像頭頂上有溫暖的陽光灑落下來。散步曬太陽，讓自己成為溫暖又綻放光芒的太陽。
幸運指引	我能散發出溫暖的特質，照亮自己的生命同時也鼓勵了他人。

我該如何將自己奉獻給所有生命？
How can I dedicate myself to all that lives?

水晶紅龍
Kin181

課題	今年我最清晰的部分是什麼？我要拿什麼與他人合作、又能如何奉獻出自己？
智慧小語	今年能清晰看見家族或集體業力對我的影響，我能轉化這股力量成為我與自己生命合作的動力。
日常調頻	運用 13 月亮曆法的古老智慧與他人分享連結，好好滋養我與他人的生命。
幸運指引	我是古老的智慧分享者，協助自己與他人獲得水晶般清晰的意識。

我該如何散播我的喜悅與愛？
How can I expand my joy and love?

宇宙白風
Kin182

課題	今年我能如何回到當下，要完成什麼超越的功課，我要如何分享愛與喜悅？
智慧小語	我能讚美自己、跟自己與他人說甜甜話、說出自己的渴望。
日常調頻	多聽喜歡的音樂、閱讀喜歡的書，透過豐富自己的精神糧食，能再次回到內心的渴望之中。
幸運指引	要非常專注自己所說的話，每個說出口的文字或句子、以及沒表達出來的，都能以祝福的正向思考來傳遞，所有意念都會傳遞到整個宇宙之中。

年度 PSI
（行星記憶資料庫）的波符

Wavespell 7

· 行星資料庫 PSI 守護力量 / 波符：
　藍風暴波符 / Kin79 ～ Kin91。
· 一個 Kin 守護一個月亮週期 28 天

藍風暴波符

＃波符小貼士

PSI 波符的算法：祖師爺荷西博士接收到訊息後，定調了從 1997 年 7 月 26 日當做 PSI 行星資料庫波符的起始，從龍的波符 Kin1 開始，一個月走一格，一年 13 個月就走一個完整的波符。

2017 年 7 月 26 日，又回到第一個波符，龍的波符。依此類推，巫師的波符、手的波符、太陽波符。

2023 年 7 月 26 日，開始第七個波符，藍風暴波符：自然前進的推動力、改變的節奏、重新建設的機會、內在力量無比強大。

Kin79 ～ Kin91

每一個月，都對應一個 Kin，也就是守護該月份的力量，一共十三個月亮。

Kin79
磁性藍風暴

守護行星服務的第 1 個月亮
磁性蝙蝠之月

Kin80
月亮黃太陽

守護行星服務的第 2 個月亮
月亮蠍之月

Kin81
電力紅龍

守護行星服務的第 3 個月亮
電力鹿之月

Kin82
自我存在白風

守護行星服務的第 4 個月亮
自我存在貓頭鷹之月

Kin83
超頻藍夜

守護行星服務的第 5 個月亮
超頻孔雀之月

Kin84
韻律黃種子

守護行星服務的第 6 個月亮
韻律蜥蜴之月

Kin85
共振紅蛇

守護行星服務的第 7 個月亮
共振猴之月

Kin86
銀河白世界橋

守護行星服務的第 8 個月亮
銀河鷹之月

Kin87
太陽藍手

守護行星服務的第 9 個月亮
太陽豹之月

Kin88
行星黃星星

守護行星服務的第 10 個月亮
行星狗之月

Kin89
光譜紅月

守護行星服務的第 11 個月亮
光譜蛇之月

Kin90
水晶白狗

守護行星服務的第 12 個月亮
水晶兔子之月

Kin91
宇宙藍猴

守護行星服務的第 13 個月亮
宇宙烏龜之月

流日調頻
使用說明

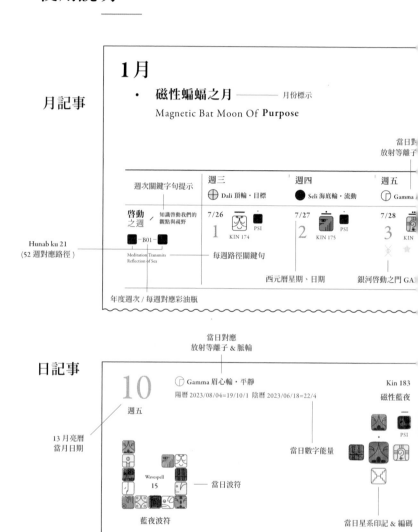

月記事

1月

· 磁性蝙蝠之月 ——— 月份標示
Magnetic Bat Moon Of **Purpose**

當日對
放射等離子

週次關鍵字句提示

週三	週四	週五
⊕ Dali 頂輪·目標	● Seli 海底輪·流動	Ⓖ Gamma

啟動
之週

知識啟動我們的
觀點與視野

7/26	7/27	7/28
1 PSI	2 PSI	3
KIN 174	KIN 175	KIN

Hunab ku 21
(52 週對應路徑)

—B01—

Meditation Transmits
Reflection of Sex —— 每週路徑關鍵句

西元曆星期、日期

銀河啟動之門 GA

年度週次 / 每週對應彩油瓶

當日對應
放射等離子 & 脈輪

日記事

10

週五

Ⓖ Gamma 眉心輪·平靜
陽曆 2023/08/04=19/10/1 陰曆 2023/06/18=22/4

Kin 183
磁性藍夜

13 月亮曆
當月日期

PSI

Wavespell
15 —— 當日波符

當日數字能量

藍夜波符

當日星系印記 & 編碼

Go with _flow_ —— 豐盛的藍夜波開始了，你夢想些什麼呢？我能與最高善的目的合一，我能
成爲吸引豐盛的磁鐵

當日調頻活動

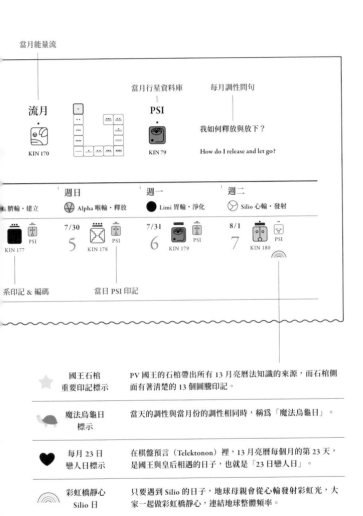

當月能量流

當月行星資料庫　每月調性問句

流月　　　　　　　PSI

KIN 170　　　　　KIN 79

我如何釋放與放下？

How do I release and let go?

週日	週一	週二
i 臍輪・建立	Alpha 喉輪・釋放	Limi 胃輪・淨化	Silio 心輪・發射

7/30 5　KIN 178　PSI

7/31 6　KIN 179　PSI

8/1 7　KIN 180　PSI

KIN 177　PSI

系印記 & 編碼　　當日 PSI 印記

	國王石棺 重要印記標示	PV 國王的石棺帶出所有 13 月亮曆法知識的來源，而石棺側面有著清楚的 13 個圖騰印記。
	魔法烏龜日 標示	當天的調性與當月份的調性相同時，稱爲「魔法烏龜日」。
	每月 23 日 戀人日標示	在棋盤預言（Telektonon）裡，13 月亮曆每個月的第 23 天，是國王與皇后相遇的日子，也就是「23 日戀人日」。
	彩虹橋靜心 Silio 日	只要遇到 Silio 的日子，地球母親會從心輪發射彩虹光，大家一起做彩虹橋靜心，連結地球整體頻率。

每日動動手，塗上顏色，連結宇宙頻率，

順應自然時間法則來生活。

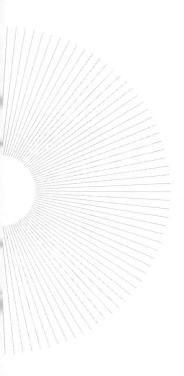

IN LAK'ECH

陳盈君──共振藍夜 / 星際旅人

台灣專業諮商心理師 / 督導
左西人文空間 / 學爾國際教育機構創辦人
亞洲身心靈全方位整合療癒導師

---

13 月亮曆法實踐書
超頻白巫師年

2023 / 07 / 26 ─ 2024 / 07 / 25

作者 / 陳盈君
美術設計 / 實心美術
出版發行 / 左西心創藝有限公司
　　　　　台中市西屯區龍富路五段 368 號
　　　　　(04) 2251-4268
　　　　　https://www.juicybuy.net
　　　　　mail@juicyeasy.com
總經銷 / 高寶書版集團
　　　　臺北市內湖區洲子街 88 號 3 樓
　　　　電話：(02)2799-2788
　　　　傳真：(02) 2799-0909
ISBN / 978-986-06265-5-1
定價 / 860 元

2023 年 5 月 初版首刷

國家圖書館出版品預行編目（CIP）資料

13月亮曆法實踐書 : 超頻白巫師年2023.7.26-2024.7.25
= 13 moon almanac : year of the white overtone wizard/陳盈
君作. -- 初版. -- 臺中市 : 左西心創藝有限公司, 2023.05
面 ; 公分
ISBN 978-986-06265-5-1(平裝)
1.CST: 曆法 2.CST: 預言
298.12　　　　　112005682